SUPER
J-Book Series

科学と人間生活

2023高卒認定

スーパー実戦過去問題集

編集 ● J-出版編集部   制作 ● J-Web School

最新過去問題
&詳細解説
6回分
(2020~2022年)

J-出版

もくじ

高卒認定情報ほか

問題／解答・解説

1. 高等学校卒業認定試験とは

　高等学校卒業程度認定試験（高卒認定試験）は、高等学校を卒業していないなどのため、大学等の受験資格がない方に対し、高等学校卒業者と同等以上の学力があるかどうかを認定する試験です。合格者には大学・短大・専門学校や看護学校などの受験資格が与えられるだけでなく、高等学校卒業者と同等以上の学力がある者として認定され、就職、転職、資格試験等に広く活用することができます。ただし、試験で合格点を得た者が満18歳に達していないときには、18歳の誕生日の翌日から合格者となります。

2. 受験資格

　受験年度末の3月31日までに満16歳以上になる方。現在、高等学校等に在籍されている方も受験が可能です。ただし、すでに大学入学資格を持っている方は受験できません。

3. 実施日程

　試験は8月と11月の年2回実施されます。8月試験と11月試験の受験案内（願書）配布開始日、出願期間、試験日、結果通知送付日は以下のとおりです（令和4年度の実施日程を基に作成しています。最新の実施日程については文部科学省のホームページを確認してください）。

	第1回（8月試験）	第2回（11月試験）
配 布 開 始 日	4 月 4 日（月）～	7 月19日（火）～
出 願 期 間	4 月 4 日（月）～ 5 月 9 日（月）	7 月19日（火）～ 9 月13日（火）
試 験 日	8 月 4 日（木）・5 日（金）	11月 5 日（土）・6 日（日）
結果通知送付日	8 月30日（火）発送	12月 6 日（火）発送

4. 試験科目と合格要件

　試験の合格者となるためには、合格要件に沿って8科目もしくは9科目、10科目の試験科目に合格することが必要です（「公民」および「理科」の選択科目によって科目数が異なります）。

教科	試験科目	科目数	合格要件
国語	国語	1	必修
地理歴史	世界史A、世界史B	1	2科目のうちいずれか1科目必修
	日本史A、日本史B	1	4科目のうちいずれか1科目必修
	地理A、地理B		
公民	現代社会	1 または 2	「現代社会」1科目／「倫理」および「政治・経済」の2科目　いずれか必修
	倫理		
	政治・経済		
数学	数学	1	必修
理科	科学と人間生活	2 または 3	以下の①、②のいずれかが必修 ①「科学と人間生活」の1科目と「物理基礎」、「化学基礎」、「生物基礎」、「地学基礎」のうち1科目（合計2科目） ②「物理基礎」、「化学基礎」、「生物基礎」、「地学基礎」のうち3科目（合計3科目）
	物理基礎		
	化学基礎		
	生物基礎		
	地学基礎		
外国語	英語	1	必修

5. 試験科目の出題範囲

試験科目	出題範囲（対応する教科書名）	
国語	「国語総合」古文・漢文含む	
世界史A	「世界史A」	平成25年4月以降の高等学校入学者が使用している教科書
世界史B	「世界史B」	
日本史A	「日本史A」	
日本史B	「日本史B」	
地理A	「地理A」	
地理B	「地理B」	
現代社会	「現代社会」	
倫理	「倫理」	
政治・経済	「政治・経済」	
数学	「数学Ⅰ」	平成24年4月以降の高等学校入学者が使用している教科書
科学と人間生活	「科学と人間生活」	
物理基礎	「物理基礎」	
化学基礎	「化学基礎」	
生物基礎	「生物基礎」	
地学基礎	「地学基礎」	
英語	「コミュニケーション英語Ⅰ」	平成25年4月以降の高等学校入学者が使用している教科書

出願から合格まで

1. 受験願書の入手
　受験案内（願書）は、文部科学省や各都道府県教育委員会、各都道府県の配布場所などで配布されます。ただし、配布期間は年度毎に異なりますので、文部科学省のホームページなどで事前に確認してください。なお、直接取りに行くことができない方はパソコンやスマートフォンで受験案内（願書）を請求することが可能です。

　〈パソコンもしくはスマートフォンで請求する場合〉
　　次のURLにアクセスし、画面の案内に従って申し込んでください。　https://telemail.jp/shingaku/pc/gakkou/kousotsu/
○受験案内（願書）は、配布開始時期のおよそ1か月前から出願締切のおよそ1週間前まで請求できます。
○請求後、受験案内（願書）は発送日から通常3～5日程度で届きます。ただし、配布開始日以前に請求した場合は予約扱いとなり、配布開始日に発送されます。
○受験案内（願書）に同封されている支払い方法に従って料金を払います。
○不明な点はテレメールカスタマーセンター（TEL：050-8601-0102　受付時間：9:30～18:00）までお問い合わせください。

2. 出願書類の準備
　受験案内（願書）を入手したら、出願に必要な次の書類を用意します（令和4年度の受験案内を基に作成しています。内容が変更になる場合もあるため、最新の受験案内を必ず確認してください）。

①受験願書・履歴書
②受験料（収入印紙）
③写真2枚（縦4cm×横3cm）※同じ写真を2枚用意
④住民票または戸籍抄本
⑤科目合格通知書　※一部科目合格者のみ
⑥試験科目の免除に必要な書類（単位修得証明書、技能審査の合格証明書）※試験科目の免除を申請する者のみ
⑦氏名、本籍の変更の経緯がわかる公的書類（戸籍抄本等）※必要な者のみ
⑧個人情報の提供にかかる同意書　※該当者のみ
⑨特別措置申請書および医師の診断・意見書　※必要な者のみ
⑩出願用の封筒

①受験願書・履歴書
　受験願書・履歴書の用紙は受験案内に添付されています。
②受験料（収入印紙）
　受験科目が7科目以上の場合は 8,500 円、4 科目以上 6 科目以下の場合は 6,500 円、3 科目以下の場合は 4,500 円です。受験料分の日本政府発行の収入印紙（都道府県発行の収入証紙等は不可）を郵便局等で購入し、受験願書の所定欄に貼り付けてください。
③写真2枚（縦4cm×横3cm）
　出願前6か月以内に撮影した、無帽・背景無地・正面上半身の写真を2枚（同一のもの）用意し、裏面に受験地と氏名を記入して受験願書の所定欄に張り付けてください。写真は白黒・カラーいずれも可です。
④住民票または戸籍抄本（原本）
　出願前6か月以内に交付され、かつ「本籍地（外国籍の方は国籍等）」が記載されたものを用意してください。マイナンバーの記載は不要です。海外在住の外国籍の方で提出が困難な場合は、必ず事前に文部科学省総合教育政策局生涯学習推進課認定試験第二係まで問い合わせてください。　TEL：03-5253-4111（代表）（内線 2590・2591）
⑤科目合格通知書（原本）
　過去に高等学校卒業程度認定試験または大学入学資格検定において、一部科目に合格している方は提出してください。なお、紛失した場合は受験案内にある「科目合格通知書再交付願」で出願前に再交付を受けてください。結婚等により、科目合格通知書に記載された氏名または本籍に変更がある場合は、「⑦氏名、本籍の変更の経緯がわかる公的書類（戸籍抄本等）」をあわせて提出してください。
⑥試験科目の免除に必要な書類（単位修得証明書、技能審査の合格証明書）（原本）
　試験科目の免除を申請する方は受験案内を確認し、必要書類を提出してください。なお、単位修得証明書が発行元で厳封されていない場合は受理されません。結婚等により、試験科目の免除に必要な書類の氏名に変更がある場合は、「⑦氏名、本籍の変更の経緯がわかる公的書類（戸籍抄本等）」をあわせて提出してください。
⑦氏名、本籍の変更の経緯がわかる公的書類（戸籍抄本等）（原本）
　結婚等により、「⑤科目合格通知書」や「⑥試験科目の免除に必要な書類」に記載された氏名または本籍が変更となっている場合に提出してください。
⑧個人情報の提供にかかる同意書
　外国籍の方で、過去に高等学校卒業程度認定試験または大学入学資格検定で合格した科目があり、「⑤科目合格通知書」の氏名（本名）または国籍に変更がある場合は、提出してください。
⑨特別措置申請書および医師の診断・意見書
　身体上の障がい等により、受験の際に特別措置を希望する方は、受験案内を確認し、必要書類を提出してください。
⑩出願用の封筒
　出願用の封筒は受験案内に添付されています。封筒の裏面に氏名、住所、受験地を明記し、「出願書類確認欄」を用いて必要書類が揃っているかを再度チェックし、不備がなければ郵便局の窓口で「簡易書留扱い」にして文部科学省宛に送付してください。

3. 受験票

　受験票等（受験科目決定通知書、試験会場案内図および注意事項を含む）は文部科学省から受験願書に記入された住所に届きます。受験案内に記載されている期日を過ぎても到着しない場合や記載内容に誤りがある場合は、文部科学省総合教育政策局生涯学習推進課認定試験第二係に連絡してください。　TEL：03-5253-4111（代表）①試験実施に関すること（内線 2024・2643）②証明書に関すること（内線 2590・2591）

4. 合格発表・結果通知

　試験の結果に応じて、文部科学省から次のいずれかの書類が届きます。全科目合格者には**「合格証書」**、一部科目合格者には**「科目合格通知書」**、その他の者には**「受験結果通知」**が届きます。**「合格証書」**が届いた方は、大学入学資格（高等学校卒業程度認定資格）が与えられます。ただし、試験で合格点を得た方が満 18 歳に達していないときには、18 歳の誕生日の翌日から合格者となります。そのため、大学入学共通テスト、大学の入学試験等については、原則として満 18 歳になる年度から受験が可能となります。大学入学共通テストについては、独立行政法人大学入試センター　事業第一課（TEL：03-3465-8600）にお問い合わせください。**「科目合格通知書」**が届いた方は、高等学校卒業程度認定試験において1科目以上の科目を合格した証明になりますので、次回の受験まで大切に保管するようにしてください。なお、一部科目合格者の方は**「科目履修制度」**を利用して、合格に必要な残りの科目について単位を修得することによって、高等学校卒業程度認定試験合格者となることができます（**「科目履修制度」**については次のページもあわせて参照してください）。

科目履修制度 （未合格科目を免除科目とする）

1. 科目履修制度とは

　科目履修制度とは、通信制などの高等学校の科目履修生として未合格科目（合格に必要な残りの科目）を履修し、レポートの提出とスクーリングの出席、単位認定試験の受験をすることで履修科目の単位を修得する制度となります。この制度を利用して単位を修得した科目は、免除科目として文部科学省に申請することができます。高等学校卒業程度認定試験（高卒認定試験）の合格科目と科目履修による単位修得を合わせることにより、高等学校卒業程度認定試験の合格者となることができるのです。

2. 科目履修の学習内容

　レポートの提出と指定会場にて指定回数のスクーリングに出席し、単位認定試験で一定以上の点数をとる必要があります。

3. 科目履修制度の利用

❶ すでに高卒認定試験で合格した一部科目と科目履修を合わせることにより高卒認定試験合格者となる。

| 高卒認定試験 既合格科目 | + | 科目履修 （残り科目を履修） | = 合わせて 8科目以上 | 高卒認定試験 合格 |

※最低1科目の既合格科目または合格見込科目が必要

① 苦手科目がどうしても合格できない方　② 合格見込成績証明書を入手し、受験手続をしたい方
③ 残り科目を確実な方法で合格したい方　④ 大学・短大・専門学校への進路が決まっている方

❷ 苦手科目等を先に科目履修で免除科目にして、残りの得意科目は高卒認定試験で合格することで高卒認定試験合格者となる。

| 科目履修 （苦手科目等を履修） | + | 高卒認定試験 科目受験 | = 合わせて 8科目以上 | 高卒認定試験 合格 |

※最低1科目の既合格科目または合格見込科目が必要

① 得意科目だけで高卒認定試験の受験に臨みたい方　② できるだけ受験科目数を減らしたい方
③ どうしても試験で合格する自信のない科目がある方　④ 確実な方法で高卒認定試験の合格を目指したい方

4. 免除を受けることができる試験科目と免除に必要な修得単位数

免除が受けられる試験科目	高等学校の科目	免除に必要な修得単位数
国語	「国語総合」	4
世界史A	「世界史A」	2
世界史B	「世界史B」	4
日本史A	「日本史A」	2
日本史B	「日本史B」	4
地理A	「地理A」	2
地理B	「地理B」	4
現代社会	「現代社会」	2
倫理	「倫理」	2
政治・経済	「政治・経済」	2
数学	「数学Ⅰ」	3
科学と人間生活	「科学と人間生活」	2
物理基礎	「物理基礎」	2
化学基礎	「化学基礎」	2
生物基礎	「生物基礎」	2
地学基礎	「地学基礎」	2
英語	「コミュニケーション英語Ⅰ」	3

（注） 上記に記載されている免除に必要な修得単位数はあくまで標準的修得単位数であり、学校によっては科目毎の設定単位数が異なる場合があります。

■科目履修制度についてより詳しく知りたい方は、J-出版編集部にお問い合わせください。
TEL：03-5800-0552
Mail：info@j-publish.net
http://www.j-publish.net/risyu/

1. 出題傾向

　過去 3 年間の 8 月試験および 11 月試験の出題傾向は以下のとおりです。科学と人間生活の場合、同じ年度においては 8 月試験と 11 月試験で同じような範囲からの出題が多く見られます。どの項目を確実に押さえなければならないかを確認してください。

	令和2年度第1回	令和2年度第2回	令和3年度第1回	令和3年度第2回	令和4年度第1回	令和4年度第2回	配点
大問1・大問2　光や熱の科学							
光の性質	●		●	●		●	大問1と大問2のいずれかを選択する。配点はそれぞれ25点（5点×5）。
光の進み方	●	●	●				
日常生活での電磁波の利用			●	●			
熱とその性質	●			●	●	●	
エネルギーの変換と保存				●			
エネルギーの有効利用							
大問3・大問4　物質の科学							
プラスチックの種類と性質				●			大問3と大問4のいずれかを選択する。配点はそれぞれ25点（5点×5）。
金属の種類と性質	●			●			
金属の製法	●		●				
天然繊維の性質とその用途	●						
合成繊維の性質とその用途	●						
食品中の主な成分とその性質		●	●	●			
大問5・大問6　生命の科学							
植物の生育と光	●		●				大問5と大問6のいずれかを選択する。配点はそれぞれ25点（5点×5）。
動物の行動と光							
ヒトの視覚と光		●		●			
さまざまな微生物の存在							
微生物の生態系でのはたらき							
微生物と人間生活とのかかわり	●	●			●		
大問7・大問8　宇宙や地球の科学							
身近な天体	●		●	●			大問7と大問8のいずれかを選択する。配点はそれぞれ25点（5点×5）。
太陽の動きと太陽暦							
太陽系における地球							
身近な自然景観の成り立ち	●			●	●		
身近な自然景観の変化		●		●	●		
自然災害	●		●	●	●		

（注）●は大問において主にその分野から出題されていることを示しており、ほかの分野からの出題がまったくないわけではありません。

2. 出題内容と対策

1 および 2 光や熱の科学

　主に物理に関連する内容です。光や波に関する内容と熱やエネルギーに関する内容が大問で分かれていて選択問題になっているので、あらかじめどちらかの内容に絞って勉強するほうが効率的です。一部、計算問題も出題されるので公式をきちんと覚え、図版の見方などをしっかり理解するように学習しましょう。

3 および 4 物質の科学

　主に化学に関連する内容です。プラスチックや金属に関する内容と繊維や栄養素に関する内容が大問で分かれていて選択問題になっているので、あらかじめどちらかの内容に絞って勉強するほうが効率的です。一部、計算問題も出題されるので公式や単位などをきちんと覚え、図版なども参考にして学習しましょう。

5 および 6 生命の科学

　主に生物に関連する内容です。ヒトの眼や植物・動物が光に対してどのように反応するかといった内容と微生物の種類とはたらきに関する内容が大問で分かれていて選択問題になっているので、あらかじめどちらかの内容に絞って勉強するほうが効率的です。ヒトの眼の構造など図版などでしっかり見ておくようにしましょう。

7 および 8 宇宙や地球の科学

　主に地学に関連する内容です。天体に関する内容と地質や自然災害に関する内容が大問で分かれていて選択問題になっているので、あらかじめどちらかの内容に絞って勉強するほうが効率的です。天体については月や太陽などの身近な天体、地質についてはプレートの移動や地震などを中心に学習を進めてください。

令和4年度 第2回
高卒認定試験

科学と人間生活

解答時間　50 分

注　意　事　項 （抜粋）

---

* 試験開始の合図前に，監督者の指示に従って，解答用紙の該当欄に以下の内容
をそれぞれ正しく記入し，マークすること。
①氏名欄
氏名を記入すること。
②受験番号，③生年月日，④受験地欄
受験番号，生年月日を記入し，さらにマーク欄に受験番号（数字），生年月日（年
号・数字），受験地をマークすること。
* 受験番号，生年月日，受験地が正しくマークされていない場合は，採点できな
いことがある。
* 解答は，解答用紙の解答欄にマークすること。例えば， 10 と表示のある解
答番号に対して②と解答する場合は，次の(例)のように**解答番号 10 の解答欄**の
②にマークすること。

(例)

解答番号	解　答　欄
10	① ② ③ ④ ⑤ ⑥ ⑦ ⑧ ⑨ ⓪

---

1 【選択問題】 1 ・ 2 のどちらか１題， 3 ・ 4 のどちらか１題， 5 ・ 6
のどちらか１題， 7 ・ 8 のどちらか１題の計４題を選んで，解
答する問題番号を記入及びマークした上で，解答すること。５題以
上にわたり解答した場合は採点できないので注意すること。

1 ・ 2	の解答番号は	1	から	5	
3 ・ 4	の解答番号は	6	から	10	
5 ・ 6	の解答番号は	11	から	15	
7 ・ 8	の解答番号は	16	から	20	

科 学 と 人 間 生 活

（解答番号　1　～　20　）

【選択問題】（　1　・　2　のどちらか１題を選び解答する）

1　光の性質について，問１〜問５に答えよ。

問１　次の文中の　A　，　B　に当てはまる語句の組合せとして正しいものを，下の①〜
④のうちから一つ選べ。解答番号は　1　。

　　　テレビなどのディスプレイは赤（red）・緑（green）・青（blue）の３色の光の組合せで，す
べての色を表現している。この３色を　A　と呼ぶ。３色のLED（発光ダイオード）を同
じ強さで光らせ，図１のように３色が重なるようにスクリーンに映すとき，赤・緑・青の光
が重なった部分（図１の斜線部分）は　B　に見える。

図１

	A	B
①	光の三原色	白　色
②	光の三原色	黒　色
③	色の三原色	白　色
④	色の三原色	黒　色

　直角三角形のプリズムとレーザー光を用いて光の進み方を確かめた。はじめに**図2(1)**のように
プリズムの側面からレーザー光を入射させたところ，レーザー光は側面と底面で屈折して進んだ。

　次に**図2(2)**のように側面に対して垂直になるようにレーザー光を入射したところ，レーザー光
は底面で90°向きを変えて進んだ。

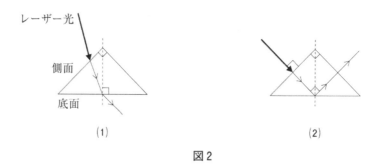

(1)　　　　　　　　　　　　　　(2)

図2

問 2　図3のようにレーザー光を入射させたとき，光が通る道筋として最も適切なものを，下の
①～④のうちから一つ選べ。解答番号は　2　。

図3

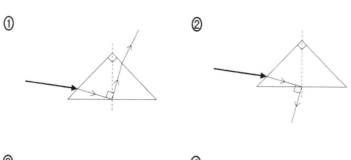

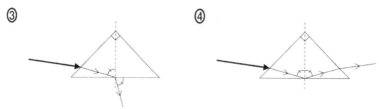

問 3　図 4 は双眼鏡を模式的に表したものである。図 4 の破線部に直角プリズムを２つ配置して光の道筋を変えるとき，直角プリズムの配置について最も適切なものを，下の①〜④のうちから一つ選べ。解答番号は　3　。

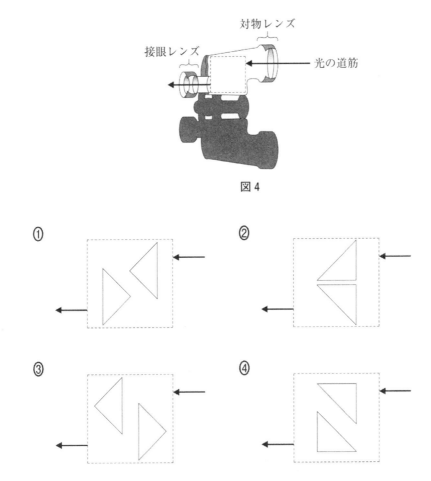

図 4

①　　　　　　　　　　　　　②

③　　　　　　　　　　　　　④

問 4　光の性質を利用した機器について説明した文として**適切でないもの**を，次の①～④のうちから一つ選べ。解答番号は　4　。

①　鏡はガラスの裏面に金属の薄膜が張り付けられたものであり，物体から出た光を反射させて物体の像を見ることができる。

②　凸レンズはレンズの中心が外側に比べて薄くつくられており，物体よりも小さい正立の像を見ることができる。

③　光ファイバーは外側と内側の屈折率が異なるため，光が内側を全反射して進むことができ，光通信などに用いられている。

④　偏光板を用いると反射光を遮ることができるため，サングラスなどに用いられている。

問 5　図5のように直角三角形のプリズムに白色光を入射すると，スクリーン上のAからBにかけて連続的に分かれた色を見ることができた。観測された光の色の並び順として最も適切なものを，下の①～④のうちから一つ選べ。解答番号は　5　。

図5

①　A → 紫 → 緑 → 黄 → 赤 → B

②　A → 緑 → 紫 → 赤 → 黄 → B

③　A → 黄 → 赤 → 紫 → 緑 → B

④　A → 赤 → 黄 → 緑 → 紫 → B

【選択問題】（ 1 ・ 2 のどちらか1題を選び解答する）

2 熱について，問1〜問5に答えよ。

図のように，下端を閉じた銅製の管の中に少量の水を入れて台に固定した木材に差し込み，管に巻きつけた太くて軽いひもの両端を人の手で交互に引いて，管の側面を強くこすると管と管の中に入れた水の温度が上昇した。

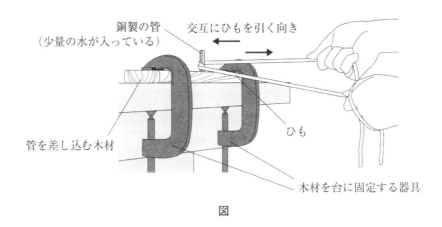

図

問1 この実験で，ひもで管の側面を強くこすったとき，管の温度が上昇したことを説明する文として最も適切なものを，次の①〜④のうちから一つ選べ。解答番号は 1 。

① 管からひもに熱が伝わった。

② 管が電磁波として熱を吸収した。

③ ひもの位置エネルギーが熱に変換された。

④ 管にされた仕事が熱に変わった。

問2 1gの水の温度を1K上昇させるのに4.2Jの熱量が必要である。このように，ある物質の温度を1gあたり1K上昇させるのに必要な熱量を示す用語として正しいものを，次の①〜④のうちから一つ選べ。解答番号は 2 。

① 比熱（比熱容量）

② 熱容量

③ 融解熱

④ 熱効率

問3　管の中に 2.5 g の水を入れ，管に巻きつけたひもで管の側面をこすり続けたところ，管と，管の中の水の温度が共に 25℃ であった状態から 65℃ になった。このとき，1 g の水の温度を 1 K 上昇させるのに必要な熱量を 4.2 J とすると，水が得た熱量として最も適切なものを，次の①～④のうちから一つ選べ。解答番号は　3　。

① 683 J

② 420 J

③ 273 J

④ 100 J

問4　管に巻きつけたひもを交互に引いて管の側面を 100 秒間こすり続けたところ，管の中の水は沸騰して吹きこぼれ始めた。この間にひもがした仕事の大きさを 600 J とするとき，ひもで管をこすったときの仕事率を表すものとして正しいものを，次の①～④のうちから一つ選べ。解答番号は　4　。

① 60000 W

② 60 W

③ 6 W

④ 0.6 W

問5　電熱線のように電気抵抗のある物質に電流が流れると，電気エネルギーが変換されて熱が発生する。抵抗値 0.75 Ω の電熱線に 1.5 V の電圧で電流を流して，600 J の熱を発生させるまでにかかる時間として正しいものを，次の①～④のうちから一つ選べ。

解答番号は　5　。

① 120 秒

② 150 秒

③ 200 秒

④ 240 秒

【選択問題】（ 3 ・ 4 のどちらか1題を選び解答する）

3 金属について，問1～問5に答えよ。

<u>合金をつくろう</u>

目的 複数種類の<u>金属</u>からなる<u>合金</u>をつくる。
　　 (a)　　　　　　　 (b)

方法 ⑴蒸発皿に金属Aの粉末を取り，水酸化ナトリウム水溶液を加える。

　　 ⑵蒸発皿を<u>ガスバーナー</u>で加熱し，溶液が沸騰したら金属Bを溶液の中に入れる。
　　　　　　　　(c)

　　 ⑶数分後，銀色になった金属Bを溶液から取り出し，水洗いする。

　　 ⑷水気をふき取ったのち，銀色になった金属Bをガスバーナーで加熱する。

　　 ⑸銀色になった金属Bが変色したら炎から取り出し，放冷する。

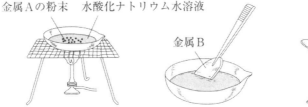

金属Aの粉末　水酸化ナトリウム水溶液

金属B

<u>この方法で作成した合金は黄銅（しんちゅう）といい，硬貨などに利用されている。</u>
(d)

図1

問1 図1は合金に関する実験プリントの一部である。図1の下線部<u>金属</u>に共通する性質として
　　　　　　　　　　　　　　　　　　　　　　　　　　　　　　　(a)

正しいものを，次の①～④のうちから一つ選べ。解答番号は 6 。

① 酸に侵（おか）されやすく，塩酸や希硫酸に浸（ひた）すと水素が発生する。

② 磁石に引き付けられる。

③ 固体はたたくと薄く広がり，引っ張ると細く伸びる。

④ 常温・常圧ですべて液体である。

問2 図1の下線部<u>合金</u>に関する記述として**誤っているもの**を，次の①～④のうちから一つ選
　　　　　　　　(b)

べ。解答番号は 7 。

① 青銅は銅を含む合金で，銅像などに使われる。

② 合金は単一の金属にはなかった性質をもつ。

③ ステンレス鋼は鉄にクロムとニッケルを加えた合金で，極めてさびにくい。

④ ボーキサイトはアルミニウムを含む合金で，丈夫で軽い。

問 3　図1の下線部ガスバーナーの使い方を説明した次の文中の　A　～　C　に当てはまる記号や語句の組合せとして適切なものを，下の①～④のうちから一つ選べ。
(c)
解答番号は　8　。

　　図2の　A　のねじで空気の量を，　B　のねじでガスの量を調節できる。点火のときは，上下2つのねじが閉まっていることを確かめ，マッチに火をつけて，　B　のねじを少しずつ開いて点火する。火がついたら　A　のねじを　C　回りに回し，炎の色を青色にしてから使用する。

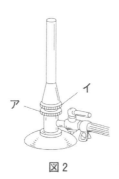

図2

	A	B	C
①	ア	イ	時　計
②	ア	イ	反時計
③	イ	ア	時　計
④	イ	ア	反時計

問 4　図1の下線部この方法で作成した合金は黄銅（しんちゅう）といい，硬貨などに利用されて
(d)
いるについて，黄銅を作成する際に使用する2種類の金属と利用されている硬貨の組合せとして適切なものを，次の①～④のうちから一つ選べ。解答番号は　9　。

	2種類の金属	利用されている硬貨
①	銅と亜鉛	5円玉
②	銅とスズ	5円玉
③	銅と亜鉛	100円玉
④	銅とスズ	100円玉

問 5　金属原子どうしの結合に関する記述として正しいものを，次の①〜④のうちから一つ選べ。解答番号は　10　。

① 金属原子は互いに電子を共有して，共有結合をしている。

② 金属原子は自由電子により結び付いている。

③ 金属原子は陽イオンや陰イオンになり，その静電気力で結び付いている。

④ 金属原子は大きな分子を形成するように，互いに結合している。

【選択問題】（ 3 ・ 4 のどちらか1題を選び解答する）

4 繊維について，問1～問5に答えよ。

ナイロンをつくろう

目的　代表的な繊維であるナイロンをつくる。

方法　(1)ヘキサメチレンジアミンを薄い水酸化ナトリウム水溶液に溶かし，これをA液とする。

　　　(2)アジピン酸ジクロリドをヘキサンに溶かし，これをB液とする。

　　　(3)ビーカーにA液を入れ，その上に試験管に入れたB液を，ガラス棒を伝わらせて加える。

　　　(4)2つの溶液の境界にできた膜をピンセットでつまみ，試験管に巻き付けていく。

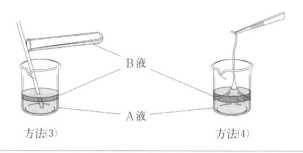

図1

問1　図1はナイロンについての実験プリントの一部である。このようにつくられる繊維である
　　ナイロンの分類として正しいものを，次の①～④のうちから一つ選べ。解答番号は　6　。

①　動物繊維

②　半合成繊維

③　合成繊維

④　再生繊維

科学と人間生活

問2 ナイロンは，図2のように高温で溶かし，液体にして細孔(ノズル)から引き出されて繊維となる。このようにつくられるナイロンの特徴として最も適切なものを，下の①～④のうちから一つ選べ。解答番号は 7 。

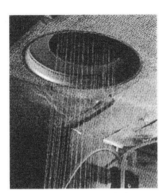

細孔(ノズル)から引き出されるナイロン

図2

① 表面にうろこ状のキューティクルが形成される繊維になる。

② 表面が滑らかで，繊維の横断面は同じ形状になる。

③ 繊維の横断面は同じ形状ではないが，いずれも中空構造で1本の長さが大変長い繊維になる。

④ 中空の構造になり，比較的短いマカロニ状の繊維になる。

問3 次の文中の A ～ C に当てはまる語句の組合せとして正しいものを，下の①～④のうちから一つ選べ。解答番号は 8 。

ナイロンは，主に A などに用いられる繊維であり，天然繊維である B に似た性質をもつ繊維である。ナイロンも B も， C である。

	A	B	C
①	ストッキングや魚網	絹	高分子化合物
②	毛布や和服	綿	付加重合化合物
③	毛布や和服	絹	付加重合化合物
④	ストッキングや魚網	綿	高分子化合物

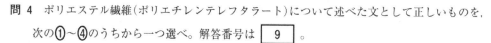

問4 ポリエステル繊維(ポリエチレンテレフタラート)について述べた文として正しいものを，次の①〜④のうちから一つ選べ。解答番号は ⬛ 9 ⬛ 。

① 主に水と空気から合成される。

② ペットボトルから再生利用されることもある。

③ 繊維自体が吸水性に富んでいる。

④ リサイクルされることがほとんどない。

問5 繊維の原料となるセルロースはグルコース(ブドウ糖)が重合した化合物である。セルロースに関連する文として**誤っている**ものを，次の①〜④のうちから一つ選べ。解答番号は ⬛ 10 ⬛ 。

① 麻はセルロースからなる天然繊維である。

② セルロースを溶かして再び繊維にしたものは再生繊維である。

③ デンプンもセルロースと同様にグルコース(ブドウ糖)が重合した化合物である。

④ 半合成繊維の一種であるアクリル繊維は，セルロースを加工してつくられた繊維である。

【選択問題】（ 5 ・ 6 のどちらか１題を選び解答する）

5 ヒトの眼について，問１〜問５に答えよ。

問１ 外界からの光が眼の中に入り，網膜にとどくまでの経路を次に示す。 A 〜 C に当てはまる語句として正しい組合せを，下の①〜④のうちから一つ選べ。解答番号は 11 。

光 → A → B → C → 網膜

	A	B	C
①	瞳 孔	角 膜	水晶体
②	瞳 孔	水晶体	角 膜
③	水晶体	角 膜	瞳 孔
④	角 膜	瞳 孔	水晶体

問２ ヒトの眼の網膜にある黄斑と呼ばれる部位の特徴として正しいものを，次の①〜④のうちから一つ選べ。解答番号は 12 。

① 光の色を感じる細胞が密に集まっている。

② 光の明るさを感じる細胞が密に集まっている。

③ 光の色を感じる細胞と明るさを感じる細胞の両方が密に集まっている。

④ 光の色を感じる細胞も明るさを感じる細胞もほとんど存在しない。

問３ 次の文の D ， E に当てはまる語句や数値の組合せとして正しいものを，下の①〜④のうちから一つ選べ。解答番号は 13 。

ヒトの網膜には，光の色を感じる細胞が３種類あり，それは D と呼ばれる。 D は，光の色によって細胞の反応の強さが変わり，それを脳がいろいろな色と認識する。またそれとは別に，光が弱い環境で働き，光の強さ(明暗)のみを感じる細胞が E 種類ある。こちらの細胞は，光の強さに応じて，脳内に光の強さ(明暗)を感じさせる。

	D	E
①	錐体細胞	1
②	錐体細胞	3
③	桿体細胞	1
④	桿体細胞	3

問4 図1は，問3の D の光の色（波長）に対する反応の大きさ（吸収率）を示したものである。テレビの画面を見ていたヒトが，画面から黄色を感じた。このとき，テレビ画面の黄色に対して，反応している D の組合せとして正しいものを，下の①〜④のうちから一つ選べ。解答番号は 14 。

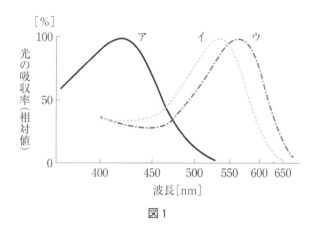

図1

① アとイ

② アとウ

③ イとウ

④ アとイとウ

問5 図2の右側の×印を左右どちらかの眼の正面におき，もう一方は目を閉じて顔との距離を調節すると，ある距離で左側の●印の像が盲斑上に結ばれる。この方法で盲斑の存在を調べた結果として正しいものを，下の①〜④のうちから一つ選べ。解答番号は 15 。

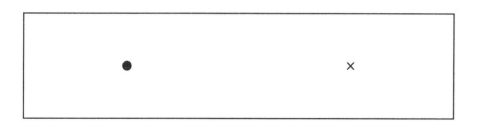

図2

① 右眼の盲斑の存在が確かめられる。

② 左眼の盲斑の存在が確かめられる。

③ 左右どちらの眼でも盲斑の存在が確かめられる。

④ 左右どちらの眼でも盲斑の存在は確かめられない。

科学と人間生活

【選択問題】（ 5 ・ 6 のどちらか1題を選び解答する）

6 地球上には多くの微生物が存在し，私たちの生活と深いつながりをもっている。これらの微生物について，問1〜問5に答えよ。

　図は，朝食のメニューの例として和食と洋食を示したものである。これらの朝食メニューに使われている食品には，製造過程で発酵が関わっているものがある。

図

問1　図に示された食品の発酵に関する記述として最も適切なものを，次の①〜④のうちから一つ選べ。解答番号は 11 。

① 発酵食品が和食にはあるが，洋食にはない。

② みそ汁のみその製造には複数の種類の微生物が関わっている。

③ 厚焼き玉子とソーセージはともに発酵食品である。

④ 和食の白米と洋食のパンはどちらも発酵食品ではない。

問2　納豆のねばねばした部分をスライドガラスに少量とり，染色液をたらし，光学顕微鏡で観察した。観察できたものとして正しいものを，次の①〜④のうちから一つ選べ。
解答番号は 12 。

① カ　ビ

② ウイルス

③ 細　菌

④ 酵　母

問3 酵母は，ビールやワインなどの製造過程の発酵にかかわる代表的な微生物である。酵母が行うアルコール発酵の反応前の物質と反応後の生成物の組合せとして最も適切なものを，次の①～④のうちから一つ選べ。解答番号は　13　。

	反応前の物質	反応後の生成物
①	エタノール	水　　二酸化炭素
②	グルコースなど	エタノール　　二酸化炭素
③	エタノール	グルコース　　二酸化炭素
④	グルコースなど	エタノール　　アミノ酸

問4 バイオテクノロジーの発達とともに，遺伝子組換え技術を使った微生物利用が行われている。ヒトのインスリン生産に関わる微生物として最も適切なものを，次の①～④のうちから一つ選べ。解答番号は　14　。

① 乳酸菌

② シアノバクテリア

③ カ　ビ

④ 大腸菌

問5 微生物やウイルスが原因の感染症の流行は，過去に幾度となく発生し，人々の生活に大きな影響を与えてきた。流行を引き起こす感染症の予防への対策として一般的に効果が認められ，広く行われている手法は何か。最も適切なものを，次の①～④のうちから一つ選べ。解答番号は　15　。

① 天敵などによる生物防除

② 定期的な健康診断

③ 自然界への大量の殺菌剤散布

④ ワクチン接種

【選択問題】（ 7 ・ 8 のどちらか１題を選び解答する）

7 日本の地形や景観，災害に関する文章を読み，問１〜問５に答えよ。

　日本の降水量は季節ごとの変動が激しく，梅雨期と台風期に集中している。日本には年平均約
(a)
1700 mm の降水があり，これらの降水は河川となって大地を侵食し，土砂を運搬して地形をつ
(b)
くる。日本列島の景観は，河川や降水による働きと，火山や地震などの地殻変動によって形づく
られたものである。

問１　下線部台風に関し，日本に接近してくる台風に関する説明文として適切なものを，次の①
(a)
　　〜④のうちから一つ選べ。解答番号は 16 。

① 南半球中緯度付近で発生し，貿易風の影響で日本付近に流されてくる。

② 台風は強い雨と激しい風による被害のみならず，沿岸部においては高潮による被害を発
　生させることがある。

③ 台風が１年間でもっとも多く発生するのは４月である。

④ 台風は上陸しなければ，日本列島に大雨を降らせることはない。

問２　下線部河川に関して，図１は各地の川の水源の標高と，河口から水源までの距離を示した
(b)
　　ものである。ここから読み取れる情報として適切なものを，下の①〜④のうちから一つ選
　　べ。解答番号は 17 。

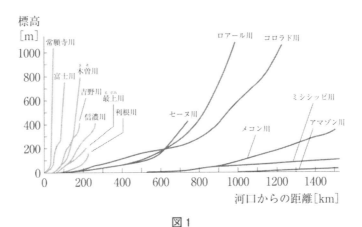

図１

① 日本の川は，他国の川と比べて急流である。

② 河口から水源までの距離は，利根川より木曽川の方が長い。

③ コロラド川に比べてメコン川の方が平均流速が大きい。

④ 常願寺川の水源の標高は吉野川の水源の標高よりも低い。

問3 平野部を流れる河川は，曲がった部分の外側と内側で流水から受ける力が異なるため，だんだんと蛇行するようになる。蛇行が進み，蛇行した部分が取り残されてできた地形の名称として適切なものを，次の①～④のうちから一つ選べ。解答番号は 18 。

① 扇状地

② カルデラ湖

③ 三日月湖

④ 氾濫原
　　はんらんげん

問4 2011年3月に起きた東北地方太平洋沖地震を説明した次の文中の ア ， イ に当てはまる語句の組合せとして最も適切なものを，下の①～④のうちから一つ選べ。解答番号は 19 。

　東北地方太平洋沖地震は，沈み込む海洋プレートである太平洋プレートと，大陸プレートである ア との間にひずみがたまったことで発生した。このように海溝付近で発生する地震はプレート境界地震と呼ばれ，ときに大きな津波を引き起こす。津波は沖合に比べて沿岸に近づいたとき，速度が遅くなり，また，波高が イ なる。

	ア	イ
①	北アメリカプレート	高　く
②	北アメリカプレート	低　く
③	ユーラシアプレート	高　く
④	ユーラシアプレート	低　く

　緊急地震速報は，震源付近で観測されたデータから，各地の強い揺れの到達時刻や震度を推定し，知らせるものである。図2はある地震が発生したときに，**地点A，B，C**にある地震計で観測した地震の揺れを記録したものである。このとき**地点A**で最初の地震波を観測してから10秒後に，**地点A，B，C**にある受信機に緊急地震速報が伝えられた。

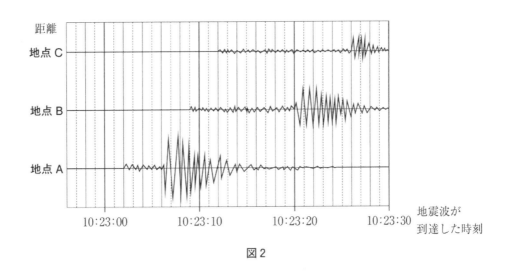

図2

問5　図2を参考にして，緊急地震速報に関する説明文として**適切でないもの**を，次の①〜④のうちから一つ選べ。解答番号は　20　。

①　**地点A**において，緊急地震速報のために解析される地震波が到達したのは10:23:02である。

②　**地点B**において，緊急地震速報が伝えられたときにはすでに初期微動が始まっている。

③　**地点C**において，大きな揺れが到達したのは緊急地震速報が伝えられてから10秒後である。

④　緊急地震速報は震源から遠い地点であるほど，大きな揺れから身を守る行動のための時間が得られる。

【選択問題】（ 7 ・ 8 のどちらか1題を選び解答する）

8 天体の運行と人間生活について，問1～問5に答えよ。

問1 次の暦に関する文中の A ， B に当てはまる語句の組合せとして正しいもの
を，下の①～④のうちから一つ選べ。解答番号は 16 。

　　古くから，天文現象を予報して，季節の移り変わりやそれに伴う行事の日を予告するもの
として，暦が使われてきた。エジプトでは太陽の動きを基準とした暦である A が使わ
れ，これを参考にして，紀元前45年にローマでは1年を365日とし，4年ごとにうるう年
を置く暦が制定された。その後，西暦年数が4で割り切れる場合はうるう年を入れるが，西
暦年数が100の倍数になる場合は，400の倍数でない限り，うるう年としないというルール
を設けた B が完成した。

	A	B
①	太陰太陽暦	グレゴリオ暦
②	太陽暦	グレゴリオ暦
③	太陰太陽暦	ユリウス暦
④	太陽暦	ユリウス暦

問2 暦だけでなく，時間や時刻に関することも天体の運行によって決めてきた。時間や時刻と
天体の運行の関係について適切なものを，次の①～④のうちから一つ選べ。
解答番号は 17 。

① 太陽を1時間ごとに観察すると，西から東に約15度天球上を移動して見える。

② 地球の自転周期は，公転の影響を受け，1太陽日より4分ほど長い。

③ 月の満ち欠けの周期は平均29.5日であるため，太陰暦では30日の月と29日の月を繰
り返した。

④ 天体の運行は常に一定であるため，現在も時間はすべて天体によって定められている。

問 3　ある日の夕方，南の空を見ると，**図1**のような月を観測できた。この月の名称と７日後に

観測した月の形の名称の組合せとして正しいものを，下の①～④のうちから一つ選べ。

解答番号は　| 18 |　。

図1

	名　称	７日後の月
①	上弦の月	満　月
②	上弦の月	新　月
③	下弦の月	満　月
④	下弦の月	新　月

問 4　月の運行について適切なものを，次の①～④のうちから一つ選べ。解答番号は　| 19 |　。

① 月の南中高度は常に一定であり，季節や満ち欠けに関係しない。

② 月の出は，満ち欠けが進むごとに，徐々に早まってくる。

③ 皆既月食は，満月のときに発生し，月の周りにはコロナが見られる。

④ 皆既日食は，月が太陽を全部隠してしまう現象であり，新月のときのみ起こる。

問 5 図２は黄道とその付近で観察される星座を表したものである。秋分と秋分点の関係は**図３**のようになっており，その他の春分・夏至・冬至においても同様な関係である。地球で観察される星座について**適切でないもの**を，下の①〜④のうちから一つ選べ。

解答番号は │ 20 │ 。

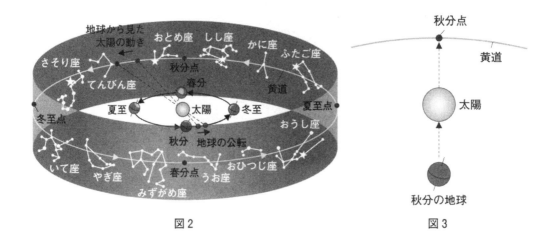

図２ 　　　　　　　　　　　　　　　　図３

① 春分の日には，太陽がうお座の方向に位置している。

② 夏至の真夜中と，秋分の夕方には同じ星座が見える。

③ 秋分の日の真夜中には，おとめ座やしし座を観察することができる。

④ 冬至点付近の星座は，夏至点付近の星座に比べて南中高度が低い。

令和４年度 第２回

解答・解説

令和4年度 第2回 高卒認定試験

【 解 答 】

1	解答番号	正答	配点	2	解答番号	正答	配点	3	解答番号	正答	配点	4	解答番号	正答	配点
問1	1	①	5	問1	1	④	5	問1	6	③	5	問1	6	③	5
問2	2	④	5	問2	2	①	5	問2	7	④	5	問2	7	②	5
問3	3	③	5	問3	3	②	5	問3	8	④	5	問3	8	①	5
問4	4	②	5	問4	4	③	5	問4	9	②	5	問4	9	②	5
問5	5	④	5	問5	5	③	5	問5	10	②	5	問5	10	④	5

5	解答番号	正答	配点	6	解答番号	正答	配点	7	解答番号	正答	配点	8	解答番号	正答	配点
問1	11	④	5	問1	11	②	5	問1	16	②	5	問1	16	②	5
問2	12	①	5	問2	12	③	5	問2	17	①	5	問2	17	③	5
問3	13	①	5	問3	13	③	5	問3	18	②	5	問3	18	①	5
問4	14	①	5	問4	14	④	5	問4	19	④	5	問4	19	④	5
問5	15	②	5	問5	15	④	5	問5	20	③	5	問5	20	③	5

【 解 説 】

1

問1　赤・緑・青は光の三原色と呼ばれており、これらの色の光の組み合わせでさまざまな色の光をつくることができます。さらに、赤・緑・青の3色の光を均等に重ね合わせると白色光ができます。よって、Aには「光の三原色」、Bには「白色」が入ります。したがって、正解は①となります。

解答番号【1】：①　　⇒ **重要度A**

問2　①について、入射光と反射光が直角となって反射するのは、プリズムの側面に対して垂直に入射させた場合のみであるため誤りです。②について、屈折光が法線よりも入射光側にあり、屈折の法則に反するため誤りです。③について、レーザー光が屈折してプリズムから出ていっていますが、90°−屈折角＝入射角となっており、屈折の法則に反するため誤りです。④について、プリズムに入射したレーザー光は一度全反射してからプリズムから出ていっています。この反射のとき、入射角と反射角が等しくなっており、反射の法則に則っています。したがって、正解は④となります。

解答番号【2】：④　　⇒ **重要度A**

問3 　入射角と反射角は等しくなる反射の法則に則り、入射光がどのように反射するかを考えて、それぞれの図に光の道筋を書いてみると、光の道筋がちょうど左側の矢印に重なるのは③のみだということがわかります。したがって、正解は③となります。

　　解答番号【3】：③　　⇒ 重要度B

問4 　適切でないものを選びます。②について、これは凹レンズの説明であり、凸レンズの説明としては誤りです。したがって、正解は②となります。なお、凸レンズはレンズの中心が外側に比べて厚くつくられており、物体を実際よりも大きく見ることができます。

　　解答番号【4】：②　　⇒ 重要度A

問5 　可視光線は紫・青・緑・黄・橙・赤の順に波長が長く、波長が長いほど屈折率は小さくなります。よって、光の色の並び順として最も適切なのは「A→赤→黄→緑→紫→B」です。したがって、正解は④となります。

　　解答番号【5】：④　　⇒ 重要度A

2

問1 　ひもが管にした仕事が摩擦によって熱に変わったため、管の温度が上昇したと考えられます。したがって、正解は④となります。

　　解答番号【1】：④　　⇒ 重要度A

問2 　ある物質1gの温度を1K（1℃）上昇させるのに必要な熱量を比熱といいます。したがって、正解は①となります。②について、熱容量とは、ある物体の温度を1K（1℃）上昇させるのに必要な熱量のことです。その物体が単一の物質からなるときは比熱と質量の積で表されます。③について、融解熱とは、融解点にある物質1gが固体から同じ温度の液体になるときに吸収する熱量のことです。④について、熱効率とは、熱機関において投入した熱量のうち、仕事に変わった熱量の割合のことです。

　　解答番号【2】：①　　⇒ 重要度A

問3 　水の質量は 2.5g で、温度は 40℃上昇しているので、水が得た熱量は 4.2J × 2.5g × 40℃＝ 420J だとわかります。したがって、正解は②となります。

　　解答番号【3】：②　　⇒ 重要度A

問4 　仕事率は単位時間（1秒）あたりにした仕事量で表されます。また、仕事率は仕事量W[J]を時間 t[s] で割って求められます。設問文には 100 秒間で 600J の仕事をするとありますから、仕事率は 600/100 ＝ 6W です。したがって、正解は③となります。

　　解答番号【4】：③　　⇒ 重要度A

問5 　抵抗によって電気エネルギーが変換されて発生する熱をジュール熱といいます。抵抗を R[Ω]、電流を I[A]、電圧を V[V] として、電流を1秒間流したとき、発生するジュール熱P[J/s] は、$P = VI = V^2/R$ より、1秒ごとに発生するジュール熱 $P = 1.5V^2/0.75$ Ω＝ 3J となります。よって、600J の熱を発生させるには、600J/3J ＝ 200 秒かかると

わかります。したがって、正解は③となります。

解答番号【５】：③　　⇒ **重要度A**

3

問１　金属には共通して３つの性質があります。磨くと光って金属光沢があること、叩いて伸ばしたり広げたりできる性質（展性・延性）があること、電気や熱が伝わりやすいことです。したがって、正解は③となります。①について、金など酸に反応しない金属もあるため誤りです。②について、アルミニウムなど磁石には引き付けられない金属もあるため誤りです。④について、常温・常圧で液体である金属は水銀のみのため誤りです。

解答番号【６】：③　　⇒ **重要度A**

問２　誤っているものを選びます。ボーキサイトは、合金ではなくアルミニウムの原料となる鉱石です。したがって、正解は④となります。

解答番号【７】：④　　⇒ **重要度A**

問３　ガスバーナーにある２つの調節ねじのうち、上のねじを空気調節ねじ、下のねじをガス調節ねじといいます。ねじを回す向きは両方とも反時計回りです。よって、Aには「イ」、Bには「ア」、Cには「反時計」が入ります。したがって、正解は④となります。

解答番号【８】：④　　⇒ **重要度A**

問４　黄銅は銅と亜鉛からなる合金で、５円硬貨に使われています。したがって、正解は①となります。なお、銅とスズからなる合金は青銅で、100円硬貨は銅とニッケルからなる白銅でできています。

解答番号【９】：①　　⇒ **重要度A**

問５　金属結合においては、電子金属の中を自由に移動できる自由電子が金属原子どうしを結び付けています。したがって、正解は②となります。①について、これは共有結合の説明ですが、金属原子どうしは共有結合をしていないため誤りです。③について、陽イオンと陰イオンの静電気的な力によるイオン結合の説明であるため誤りです。④について、金属原子は分子をつくらないため誤りです。

解答番号【10】：②　　⇒ **重要度A**

4

問１　ナイロンは、石油などを原料に重合という化学反応によって合成された繊維です。したがって、正解は③となります。合成繊維には、ナイロンのほか、ビニロンやアクリル繊維などがあります。また、半合成繊維にはアセテートなど、再生繊維にはレーヨンやキュプラなどがあります。

解答番号【６】：③　　⇒ **重要度A**

問２　①について、ウール（羊毛）の説明であるため誤りです。②について、ナイロンの説明として正しいです。③について、中空構造は麻や綿などの植物繊維（天然繊維）の特

徴であるため誤りです。④について、綿の説明であるため誤りです。したがって、正解は②となります。

解答番号【7】：②　　⇒ 重要度Ａ

問3　ナイロンは絹の風合いをもつ合成繊維で、主にストッキングや魚網などに使われています。また、ナイロンは、原子が大量に共有結合してできた化合物である高分子化合物の一種です。よって、Ａには「ストッキングや魚網」、Ｂには「絹」、Ｃには「高分子化合物」が入ります。したがって、正解は①となります。

解答番号【8】：①　　⇒ 重要度Ａ

問4　ポリエステル繊維は、ペットボトルと同じくPET（ポリエチレンテレフタラート）を原料としてつくられていて再生利用することができます。したがって、正解は②となります。①について、ポリエステルは石油などが原料であるため誤りです。③について、ポリエステルは吸水性が低く速乾性がある素材であるため誤りです。④について、ポリエステルはリサイクルが可能で、リサイクルポリエステルとして再利用することができるため誤りです。

解答番号【9】：②　　⇒ 重要度Ａ

問5　誤っているものを選びます。アクリル繊維は合成繊維の一種です。したがって、正解は④となります。

解答番号【10】：④　　⇒ 重要度Ａ

5

問1　眼に入った光は、まず角膜を通り、次に虹彩に挟まれるかたちで存在する瞳孔を通ります。そして、瞳孔を通った光は、ピント調節を担う水晶体を通り、網膜に到達します。よって、Ａには「角膜」、Ｂには「瞳孔」、Ｃには「水晶体」が入ります。したがって、正解は④となります。

解答番号【11】：④　　⇒ 重要度Ａ

問2　網膜には、桿体細胞と錐体細胞という2種類の視細胞が存在します。桿体細胞は、光の強弱に応じた明暗を認識し、錐体細胞は色や形などを認識します。また、錐体細胞は、網膜にある黄斑に密に存在しています。したがって、正解は①となります。

解答番号【12】：①　　⇒ 重要度Ａ

問3　問2の視細胞についての説明をふまえると、Ｄには「錐体細胞」が入ります。また、光の強さを感じる細胞は桿体細胞のみであるため、Ｅには「1」が入ります。したがって、正解は①となります。

解答番号【13】：①　　⇒ 重要度Ａ

問4　人間の眼は、赤・緑・青の3色の光を認識し、この3色の強弱によってさまざまな色を感じ、波長の長さによって異なる色感覚を得ます。波長の長さは紫・青・緑・黄・燈・

赤の順に長くなりますから、「ア」は青色、「イ」は緑色、波長の長い「ウ」は赤色であることがわかります。また、設問文には「黄色を感じた」とあります。黄色は緑色と赤色の中間ですから、「イ」と「ウ」が反応したことがわかります。したがって、正解は③となります。

解答番号【14】:③　⇒ 重要度A

問5　この実験においては、盲斑を調べるための●印が×印よりも左側にあるため、眼の中心よりも右側にある盲斑の存在しか確認できません。右眼の盲斑は眼の中心よりも左側にあり、左眼の盲斑は眼の中心より右側にあるため、この実験で盲斑の存在がわかるのは左眼のみです。したがって、正解は②となります。

解答番号【15】:②　⇒ 重要度C

6

問1　みその製造過程には発酵という工程があり、発酵は酵母などの微生物のはたらきによって進みます。したがって、正解は②となります。①について、洋食にもイースト菌を使った発酵食品であるパンがあるため誤りです。③について、厚焼き玉子もソーセージも発酵食品ではないため誤りです。④について、パンは発酵食品であるため誤りです。

解答番号【11】:②　⇒ 重要度A

問2　納豆は細菌の一種である納豆菌の発酵作用によってできている食品です。したがって、正解は③となります。

解答番号【12】:③　⇒ 重要度A

問3　アルコール発酵では、その過程で酵母菌がグルコースなどの糖を消費し、エタノールと二酸化炭素を生成します。したがって、正解は②となります。①について、エタノールを水と二酸化炭素に分解するのはアルコール分解の反応であるため誤りです。③について、グルコースはエタノールよりも複雑な化合物であり、微生物が行う分解反応である発酵によってエタノールからグルコースが生成されることはないため誤りです。④について、グルコースにはないN（窒素）を含むアミノ酸がグルコースから生成されることないため誤りです。

解答番号【13】:②　⇒ 重要度A

問4　バイオテクノロジーの進歩によって、遺伝子組み換え技術を使って、ヒトインスリン遺伝子を大腸菌に組み込み、大腸菌からヒトインスリンを抽出することが行われています。したがって、正解は④となります。①について、乳酸菌は腸内環境のバランスをとる微生物です。②について、シアノバクテリアは光合成を行う微生物です。③について、カビはチーズや鰹節などの食品の生産に利用される微生物です。

解答番号【14】:④　⇒ 重要度B

問5　予防接種などのワクチン接種は感染症の予防策として広く行われています。したがって、正解は④となります。

解答番号【15】:④　⇒ 重要度B

7

問1　①について、日本に接近してくる台風の多くは、赤道付近の熱帯の海上で発生するため誤りです。②について、台風の説明として適切で正しいです。③について、台風が最も発生しやすいのは夏から秋にかけてであるため誤りです。④について、台風は上陸せずとも、大雨を日本列島にもたらすことがあるため誤りです。したがって、正解は②となります。

解答番号【16】：②　　⇒ **重要度A**

問2　図1から、日本の川は他国の川に比べて河口からの距離が短く、また標高が高いところから流れることがわかります。したがって、正解は①となります。②について、河口から水源までの距離は、利根川のほうが木曽川より長いため誤りです。③について、コロラド川のほうがメコン川より水源の標高が高く、かつ河口からの距離が短いため、コロラド川のほうが平均流速が大きいと考えられることから誤りです。④について、常願寺川の水源の標高は吉野川の水源の標高よりも高いため誤りです。

解答番号【17】：①　　⇒ **重要度A**

問3　河川の蛇行の結果として、蛇行した部分が取り残され池状に残った地形のことを三日月湖といいます。したがって、正解は③となります。①について、扇状地とは、川が山地から平地に出る位置に発達する扇形の地形のことです。②について、カルデラ湖とは、火山が噴火したのちに火口に水が溜まって湖になった地形のことです。④について、氾濫原とは、川の両側に洪水のときに河川水があふれてできる地形のことです。

解答番号【18】：③　　⇒ **重要度A**

問4　日本近海では、大陸プレートである北アメリカプレートの下に海洋プレートである太平洋プレートが沈み込む動きをしています。また、津波は、水深の深い沖合では速度が速く、波の高さは低くなるのに対して、水深の浅い沿岸部では速度は遅く、波の高さが高くなります。よって、「ア」には「北アメリカプレート」、「イ」には「高く」が入ります。したがって、正解は①となります。

解答番号【19】：①　　⇒ **重要度B**

問5　適切でないものを選びます。図2から、地点Cで緊急地震速報が伝えられたのは、地点Aで最初の地震波を観測してから10秒後の10:23:12だとわかります。また、図2から、地点Cで大きな揺れが発生したのは10:23:26であることがわかります。よって、地点Cにおいては、大きな揺れが到達したのは緊急地震速報が伝えられてから14秒後であったことがわかります。したがって、正解は③となります。

解答番号【20】：③　　⇒ **重要度A**

8

問1　太陽暦とは、地球が太陽の周りを回る周期を基にしてつくられた暦のことです。太陰太陽暦とは、月の満ち欠けによって1か月を定める暦のことです。グレゴリオ暦は、ユリウス暦の後に制定された暦です。このグレゴリオ暦には、西暦年数が4で割り切れる

場合はうるう年を設けますが、西暦年数が 100 の倍数になる場合は 400 の倍数でない限り、うるう年を設けないというルールがあります。これに対して、ユリウス暦では 4 年ごとにうるう年を設けていました。よって、Aには「太陽暦」、Bには「グレゴリオ暦」が入ります。したがって、正解は②となります。

解答番号【16】：②　　⇒ **重要度A**

問2　①について、太陽は東から西に移動するため誤りです。②について、1 太陽日は 1 恒星日より約 4 分長いため誤りです。③について、太陰暦の説明として適切で正しいです。④について、天体の運行は常に一定ではないため誤りです。したがって、正解は③となります。

解答番号【17】：③　　⇒ **重要度A**

問3　上弦の月とは、月が沈むときの姿を弓にたとえて、地平線に対して弓の弦の部分（つまり月の直線部）を上にして沈む姿から名付けられた月の姿を指します。これに対して、下弦の月とは、弓の弦の部分を地平線に向けて下にして沈む月の姿を指します。よって、図 1 の月は「上弦の月」だとわかります。また、月の満ち欠けは、新月→三日月→上弦の月→満月→下弦の月→新月という順番で変化を繰り返します。よって、図 1 の月の 7 日後の月は「満月」であるとわかります。したがって、正解は①となります。

解答番号【18】：①　　⇒ **重要度A**

問4　皆既日食とは、太陽と地球の間に月が入り、月によって太陽がすべて隠されて見えなくなる現象のことです。また、日食は新月のときにのみ起こります。したがって、正解は④となります。①について、月の南中高度は、夏は低く冬は高く、常に一定ではないため誤りです。②について、月の満ち欠けが進むごとに月の出は遅くなっていくため誤りです。新月のとき、月は太陽と同じ方向にあるため月の出は朝になりますが、月が満ちていくにつれて月は太陽から離れていくため、上弦の月のときは昼、満月のときは夕方、下弦の月のときは夜中が月の出となります。③について、皆既月食は満月のときに起きますが、コロナが見られるのは皆既日食であるため誤りです。

解答番号【19】：④　　⇒ **重要度A**

問5　適切でないものを選びます。秋分の日の真夜中には、太陽と反対側の星座が観察できます。具体的には、みずがめ座やうお座を観察することができます。したがって、正解は③となります。①について、図 2 から春分の日には太陽とうお座は地球から見て同じ方向に位置していることがわかります。②について、夏至の真夜中には、地球から見て太陽の存在する位置とは反対側、つまり冬至点辺りの星座を観察できます。また、地球は反時計回りに自転しますので、秋分の夕方には同じく冬至点辺りの星座を観察できます。④について、この記述のとおり、冬至点付近の星座は、夏至点付近の星座に比べ南中高度は低いです。

解答番号【20】：③　　⇒ **重要度C**

令和4年度 第1回
高卒認定試験

科学と人間生活

解答時間　50分

1 【選択問題】│ 1 │・│ 2 │のどちらか 1 題，│ 3 │・│ 4 │のどちらか 1 題，│ 5 │・│ 6 │のどちらか 1 題，│ 7 │・│ 8 │のどちらか 1 題の計 4 題を選んで，解答する問題番号を記入及びマークした上で，解答すること。5 題以上にわたり解答した場合は採点できないので注意すること。

│ 1 │・│ 2 │の解答番号は│ 1 │から│ 5 │

│ 3 │・│ 4 │の解答番号は│ 6 │から│ 10 │

│ 5 │・│ 6 │の解答番号は│ 11 │から│ 15 │

│ 7 │・│ 8 │の解答番号は│ 16 │から│ 20 │

科 学 と 人 間 生 活

$$\left(\text{解答番号}\ \boxed{1}\ \sim\ \boxed{20}\right)$$

令和4年度第1回試験

【選択問題】（ $\boxed{1}$ ・ $\boxed{2}$ のどちらか1題を選び解答する）

$\boxed{1}$ 光の性質とその利用について，問1〜問5に答えよ。

問1 可視光線の性質について説明する文として適切なものを，次の①〜④のうちから一つ選べ。解答番号は $\boxed{1}$ 。

① 波長によって屈折率が異なる。

② 赤色の光も紫色の光も周波数は同じである。

③ 白色光をプリズムに通すと，光の反射によりスペクトルが現れる。

④ 赤，黄，青の色の光を，すべて同じ強さで重ねると白色になる。

問2 図1のように，ガラスびんに白濁した石けん水を入れ，ガラスびんの底側から白色光を当てたときの色の変化を側面から観察したところ，光源に近いところほど青白く見えた。この理由を説明する次の文中の $\boxed{A}$ ， $\boxed{B}$ に入る語句の組合せとして正しいものを，下の①〜④のうちから一つ選べ。解答番号は $\boxed{2}$ 。

波長の $\boxed{A}$ 青色の光ほど $\boxed{B}$ されやすいため。

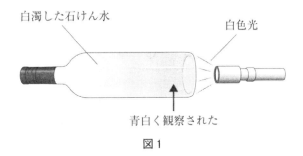

白濁した石けん水　　白色光　　青白く観察された

図1

	A	B
①	長 い	干 渉
②	短 い	干 渉
③	長 い	散 乱
④	短 い	散 乱

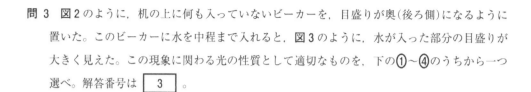

問3 図2のように，机の上に何も入っていないビーカーを，目盛りが奥(後ろ側)になるように置いた。このビーカーに水を中程まで入れると，図3のように，水が入った部分の目盛りが大きく見えた。この現象に関わる光の性質として適切なものを，下の①～④のうちから一つ選べ。解答番号は　3　。

図2

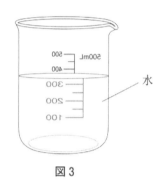

水

図3

① 回　折

② 分　散

③ 屈　折

④ 偏　光

問4 図4のように，油の入ったビーカーに透明なガラス棒を入れ，ビーカーを横から観察すると，油の中に入った部分のガラス棒が見えなくなった。ガラス棒が見えなくなった理由を説明する文として最も適切なものを，下の①～④のうちから一つ選べ。解答番号は　4　。

ガラス棒

油

図4

① 油の表面ですべての光が反射し，ガラス棒に光が届かなかった。

② 油とガラスの屈折率が等しく，光がガラス棒の表面で反射も屈折もすることなく進んだ。

③ 油中を進んできた光とガラス棒の表面で反射した光が干渉した。

④ ガラス棒に当たった光が，ガラス棒の表面で乱反射した。

問5 身のまわりの生活では，可視光線以外の電磁波も様々な用途で使われている。電磁波の種類（名称）とその用途の組合せとして適切なものを，次の①〜④のうちから一つ選べ。解答番号は　5　。

	電磁波の種類（名称）	用　途
①	赤外線	非破壊検査
②	紫外線	殺　菌
③	X　線	気象レーダー
④	ガンマ線	電子レンジ

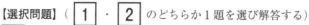

【選択問題】（ $\boxed{1}$ ・ $\boxed{2}$ のどちらか1題を選び解答する）

$\boxed{2}$ 熱の性質とその利用について，問1〜問5に答えよ。

発電所からの電力は，図1のように送電線を用いて家庭に送られる。しかし，電力を送電するとき，送電線からジュール熱が発生し，これが送電線でのエネルギー損失となる。したがって，一定量の電力を送るときには， $\boxed{A}$ の大きさが大きくなると $\boxed{B}$ の大きさが小さくなり，エネルギー損失の割合が小さくなる。現在では，送電の損失率は5％程度である。

図1

問1 文中の $\boxed{A}$ ， $\boxed{B}$ に入る語句の組合せとして最も適切なものを，次の①〜④のうちから一つ選べ。解答番号は $\boxed{1}$ 。

	A	B
①	電　流	電気抵抗
②	電　圧	電　流
③	電気抵抗	電　圧
④	電　圧	電気抵抗

問2 一定量の電力を送るとき，送電線を流れる電流 I を横軸に，その送電線から単位時間あたりに生じるジュール熱 Q を縦軸にとったグラフとして最も適切なものを，次の①〜④のうちから一つ選べ。解答番号は $\boxed{2}$ 。

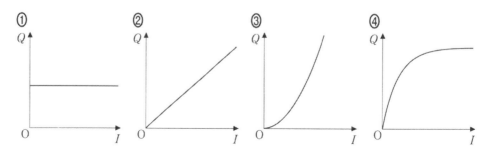

温度 40 ℃ で質量 10 g の鉄球 1 個に，異なる温度で質量 10 g の物体Aを接触させた。図 2 は，そのときの鉄球の温度変化のみを示している。ただし，鉄の比熱は 0.44 J/(g·K) として，接触させる物体以外との熱の移動は無いものとする。

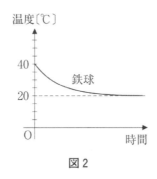

図 2

問 3 この鉄球について説明する文として適切なものを，次の①～④のうちから一つ選べ。
解答番号は　3　。

① この鉄球 1 個の熱容量は 8.8 J/K である。

② この鉄球 1 個が得た熱量は 88 J である。

③ この鉄球を 10 個用意すると，その鉄の比熱は 4.4 J/(g·K) になる。

④ この鉄球は，温度が 20 K 変化して，熱平衡状態になった。

問 4 物体Aとして最も適切なものを，次の①～④のうちから一つ選べ。解答番号は　4　。

① 比熱が 0.88 J/(g·K) で，温度が 30 ℃ のアルミニウム球

② 比熱が 0.88 J/(g·K) で，温度が 10 ℃ のアルミニウム球

③ 比熱が 0.22 J/(g·K) で，温度が 30 ℃ の銀球

④ 比熱が 0.22 J/(g·K) で，温度が 10 ℃ の銀球

問 5 温度 40 ℃ で質量 10 g の鉄球 2 個に，質量 10 g の新たな物体Bを接触させる。接触させてから十分に時間が経過したとき，図 2 の場合と同じ温度になるようにしたい。物体Bのはじめの温度と比熱の値の組合せとして最も適切なものを，次の①～④のうちから一つ選べ。
解答番号は　5　。

	物体Bのはじめの温度の値〔℃〕	物体Bの比熱の値〔J/(g·K)〕
①	物体Aのはじめの温度の 1/2 倍	物体Aの比熱と同じ
②	物体Aのはじめの温度の 2 倍	物体Aの比熱と同じ
③	物体Aのはじめの温度と同じ	物体Aの比熱の 1/2 倍
④	物体Aのはじめの温度と同じ	物体Aの比熱の 2 倍

【選択問題】（ 3 ・ 4 のどちらか1題を選び解答する）

3 プラスチックについて，**問1～問5**に答えよ。

プラスチック**ア～エ**の薄い板を用いて以下の**実験1～3**を行い，**表**の結果を得た。プラスチックア～エは，ポリエチレン（密度$0.92 \sim 0.93 \, \text{g/cm}^3$），ポリスチレン（密度$1.04 \sim 1.05 \, \text{g/cm}^3$），フェノール樹脂（密度$1.24 \sim 1.32 \, \text{g/cm}^3$），ポリエチレンテレフタラート（密度$1.29 \sim 1.40 \, \text{g/cm}^3$）である。

実験1 プラスチックの薄い板を熱湯の中に浸す。

実験2 プラスチックの薄い板をガスバーナーの炎の中に入れ加熱する。

実験3 プラスチックの薄い板を水（密度$1.0 \, \text{g/cm}^3$）と飽和食塩水（密度$1.2 \, \text{g/cm}^3$）に浮かべる。

表

プラスチック	実験1	実験2	実験3	
			水	飽和食塩水
ア	やわらかくなった	燃えた	浮いた	浮いた
イ	やわらかくなった	燃えた	沈んだ	沈んだ
ウ	やわらかくなった	燃えた	沈んだ	浮いた
エ	変化なし	燃えずに焦げた	沈んだ	沈んだ

問 1 アのプラスチックとして適切なものを，次の①～④のうちから一つ選べ。

解答番号は 6 。

① ポリエチレン

② ポリスチレン

③ フェノール樹脂

④ ポリエチレンテレフタラート

問 2 イのプラスチックについて説明する文として**誤っているもの**を，次の①～④のうちから一つ選べ。解答番号は 7 。

① このプラスチックは炭素と酸素と水素からできている。

② このプラスチックは付加重合でできている。

③ このプラスチックはリサイクルが容易で，繊維製品などに生まれ変わる。

④ このプラスチックを燃やすと多量のすすが発生する。

問 3　ウのプラスチックの用途として適切なものを，次の①～④のうちから一つ選べ。

解答番号は　8　。

① カップ麺の容器

② 炭酸飲料容器

③ ポリ袋

④ 水道管

問 4　エのプラスチックについて説明する次の文中の　A　，　B　に入る語句の組合せとして適切なものを，下の①～④のうちから一つ選べ。解答番号は　9　。

エのプラスチックは単量体どうしが　A　に重合した　B　であると考えられる。

	A	B
①	長い鎖状	熱硬化性樹脂
②	立体網目状	熱可塑性樹脂
③	立体網目状	熱硬化性樹脂
④	長い鎖状	熱可塑性樹脂

問 5　プラスチックの原料である石油は限りある資源である。そのため使用済みプラスチックのリサイクル推進も，私たちにとって重要な課題である。リサイクルの一つの方法である，マテリアルリサイクルについて説明する文として適切なものを，次の①～④のうちから一つ選べ。解答番号は　10　。

① 使用済みのプラスチック容器を洗浄，消毒して再使用する。

② 使用済みのプラスチックを燃焼させ，熱エネルギーを回収し利用する。

③ 使用済みのプラスチックを化学反応により，元の成分物質やモノマーに戻して再生利用する。

④ 使用済みのプラスチックを熱や圧力を用いて化学反応させることなく，プラスチック製品や繊維製品に再生利用する。

【選択問題】（ 3 ・ 4 のどちらか1題を選び解答する）

4 繊維について，問1～問5に答えよ。

問1 次の文中の A ～ C に入る語句の組合せとして適切なものを，下の①～④のうちから一つ選べ。解答番号は 6 。

繊維は細長い高分子化合物が集まってできている。繊維を撚り合わせると A になり，それが織られて衣類や身の回りのものに利用される。繊維は天然繊維と B 繊維とに大きく分類されている。 B 繊維のうち，主に石油を原料としているものを C 繊維という。

	A	B	C
①	糸	化 学	合 成
②	布	化 学	合 成
③	布	合 成	化 学
④	糸	合 成	化 学

問2 天然繊維について説明する次の文中の D ， E に入る語句の組合せとして適切なものを，下の①～④のうちから一つ選べ。解答番号は 7 。

天然繊維のうち，主成分がタンパク質である D は，比較的酸に強くアルカリには弱い。一方， E の主成分はセルロースであり，吸湿性に富む。また，アルカリに強いので洗濯では傷みにくい。

	D	E
①	木 綿	羊毛，絹
②	木綿，絹	羊 毛
③	羊毛，絹	木 綿
④	羊 毛	木綿，絹

問３　羊毛の白布を用意し，図のように炎に近づけてその後の様子を観察した。この結果に関する記述として適切なものを，下の①～④のうちから一つ選べ。解答番号は　8　。

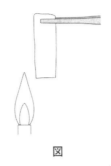

図

① 燃えにくく，炎から遠ざけるとすぐに火が消えた。

② 縮れながら燃えて，毛髪が焦げるようなにおいがした。

③ すすの多い炎を出して燃えた。

④ 融けながら徐々に燃え，特有のにおいがした。

問４　レーヨンに関する記述として適切なものを，次の①～④のうちから一つ選べ。
　　　解答番号は　9　。

① 保温性が高く肌ざわりが羊毛に似ているので，セーターやカーペットに用いられる。

② 衣類として利用される他に，プラスチックとして容器にも使われる。

③ 植物繊維に酢酸などの薬品を反応させてつくられた繊維である。

④ セルロースを原料として繊維状に再生しており，吸湿性が高く独特な光沢をもつ。

問５　ナイロンに関する記述として適切でないものを，次の①～④のうちから一つ選べ。
　　　解答番号は　10　。

① 絹に似た性質をもち，吸湿性は低いが丈夫で切れにくい。

② エチレングリコールとテレフタル酸から合成される。

③ 石油を原料としてつくられ，ストッキングや釣り糸に利用されている。

④ 科学者カロザースによって発明された。

【選択問題】（ 5 ・ 6 のどちらか1題を選び解答する）

5 植物の生育と光の関係について，問1～問5に答えよ。

問1 植物は，横からのみ光が当たっていると茎が曲がり，光の方向へと成長する。このような性質について説明する次の文中の A ， B に入る語句の組合せとして正しいものを，下の①～④のうちから一つ選べ。解答番号は 11 。

　　植物が光の方向へ曲がる性質を A という。植物が曲がるのは，光の B の茎の細胞が大きく成長するためである。

	A	B
①	光周性	当たる側
②	光周性	当たらない側
③	光屈性	当たる側
④	光屈性	当たらない側

問2 光発芽種子の説明として最も適切なものを，次の①～④のうちから一つ選べ。
解答番号は 12 。
① 水，温度，酸素の各条件が十分である上で，太陽光に当たると発芽する。
② 水，温度，酸素の各条件が十分であっても，太陽光に当たると発芽が抑制される。
③ 水，温度，酸素の各条件が十分でなくても，太陽光に当たると発芽する。
④ 水，温度，酸素の各条件が十分であれば，太陽光に当たらなくても発芽する。

令和4年度第1回試験

　図は限界暗期が12時間の植物アについて，1日(24時間)の明期(昼の長さ)と暗期(夜の長さ)をI〜Ⅲの条件で栽培し，その後の花芽形成についてまとめたものである。Ⅱでは花芽を形成したが，IとⅢでは花芽を形成しなかった。

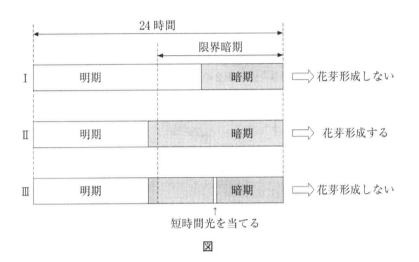

図

問3　花芽形成について，図の結果のような性質を示す植物アの呼び方として正しいものを，次の①〜④のうちから一つ選べ。解答番号は　13　。

① 陽生植物

② 陰生植物

③ 長日植物

④ 短日植物

問4　花芽形成について，植物アと同様の性質をもつ植物として最も適切なものを，次の①〜④のうちから一つ選べ。解答番号は　14　。

① アブラナ

② キ　ク

③ セイヨウタンポポ

④ トマト

問5　植物アの花芽形成のしくみについて，図の結果から分かることとして最も適切なものを，次の①〜④のうちから一つ選べ。解答番号は　15　。

① 花芽形成には1日の明期，暗期の長さは関わっていない。

② 花芽形成には1日の明期の長さが関わっている。

③ 花芽形成には1日の暗期の合計の長さが関わっている。

④ 花芽形成には1日の暗期の連続した長さが関わっている。

【選択問題】（ 5 ・ 6 のどちらか1題を選び解答する）

6 微生物と人間生活について，問1～問5に答えよ。

問1 滅菌した手のひら型の寒天培地を2つ用意し，1つの培地には石けんで洗っていない手の
ひらを付け，もう1つの培地には手のひらを付けないで，それぞれにふたをして常温で放置
した。2日後，2つの培地を観察すると，図1のように手のひらを付けた培地では微生物の
増殖を観察することができたが，図2のように手のひらを付けない培地には変化が見られな
かった。この結果から考えられることとして最も適切なものを，下の①～④のうちから一つ
選べ。解答番号は 11 。

図1　　　　　　　　　　図2

① 手のひらには多数の微生物が付着している。

② 放置の間に増殖した微生物は，ほとんどが外の空気中から落ちたものである。

③ 石けんや消毒用アルコールで除菌した手を寒天培地に付けた場合でも，図1と同様に微
生物を多数観察することができる。

④ 増殖した微生物は，放置する前から寒天培地の中に存在していた。

問2 自作の顕微鏡を使って，はじめて微生物を発見した人物として適切なものを，次の①～④
のうちから一つ選べ。解答番号は 12 。

① レーウェンフック

② パスツール

③ コッホ

④ 北里柴三郎

問 3　光学顕微鏡では観察できないものとして適切なものを，次の①～④のうちから一つ選べ。

解答番号は　13　。

① 酵　母

② 大腸菌

③ ·乳酸菌

④ インフルエンザウイルス

問 4　ヒトの腸内にすみつく微生物として最も適切なものを，次の①～④のうちから一つ選べ。

解答番号は　14　。

① 古細菌

② 根粒菌

③ ビフィズス菌

④ シアノバクテリア

問 5　微生物と医療について説明した文として**適切でない**ものを，次の①～④のうちから一つ選べ。解答番号は　15　。

① 抗生物質とは，微生物によってつくられた医薬品であり，他の微生物の増殖を妨げるはたらきをもつ。

② 病原体には，WHO により 1980 年に根絶が宣言された天然痘ウイルス，その他にインフルエンザウイルスや結核菌が含まれる。

③ 遺伝子組換え技術により，大腸菌を利用してヒトのインスリンが合成できるようになった。

④ 予防接種とは，毒性を弱めないで病原体をそのまま接種し，人工的に免疫力を高める予防方法である。

【選択問題】（ 7 ・ 8 のどちらか1題を選び解答する）

7 水の作用によってできる地形とその成因について，問1～問5に答えよ。

問1 図1は河川の中流域にできる地形である。この地形の名称と成因の組合せとして適切なものを，下の①～④のうちから一つ選べ。解答番号は 16 。

図1

	名　称	成　因
①	三角州	運搬された土砂が，山地から平地への出口で堆積した。
②	三角州	運搬された土砂が堆積し，河川が陸化した。
③	扇状地	運搬された土砂が，山地から平地への出口で堆積した。
④	扇状地	運搬された土砂が堆積し，河川が陸化した。

問2 図2は海食崖である。この地形の主な成因の説明として最も適切なものを，下の①～④のうちから一つ選べ。解答番号は 17 。

図2

① 地震による活断層で形成した。

② 津波による侵食作用により形成した。

③ 打ち寄せる波が海岸の岩盤を削り取った。

④ 地表の温度変化や，氷雪にさらされ風化した。

問3　次の文は海岸段丘が形成される過程の説明である。文中の　A　，　B　に入る語句の組合せとして最も適切なものを，下の①〜④のうちから一つ選べ。解答番号は　18　。

　　断層運動などによって地表が　A　すると，新たに海岸となった場所に再び侵食地形がつくられる。また海面が　B　して平坦面が海上に現れることでも階段状の地形がつくられる。

	A	B
①	沈　降	上　昇
②	沈　降	低　下
③	隆　起	上　昇
④	隆　起	低　下

問4　粒子が堆積する様子を観察するために，Ⅰ〜Ⅲの順で実験を行った。図3は実験の様子を表している。この実験で再現した現象として最も適切なものを，下の①〜④のうちから一つ選べ。解答番号は　19　。

Ⅰ　直径数mmまでのさまざまな粒子の混じった砂や泥を水に入れて，よくかき混ぜる。
Ⅱ　あらかじめ水を入れたアクリルパイプに水と砂や泥を混ぜたものを一気に流し込む。
Ⅲ　アクリルパイプを静置し，砂や泥が堆積する様子を観察する。

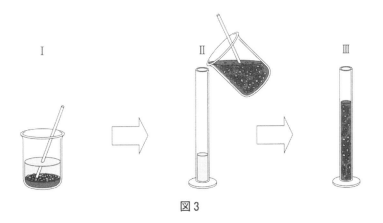

図3

① 豪雨による土石流が海に流れ込み，その後静かな海底に堆積する様子

② 河川の上流域で侵食された岩石が流れの中で砕かれ，堆積する様子

③ 火砕流が山の斜面を流れ下り，その流れが沈静化した後に堆積する様子

④ 地震による地滑りで土砂が流れ下り，平地で堆積する様子

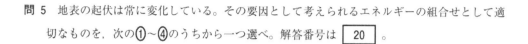

問 5　地表の起伏は常に変化している。その要因として考えられるエネルギーの組合せとして適切なものを，次の①～④のうちから一つ選べ。解答番号は　20　。

	地表面の起伏を大きくする	地表面を平坦化する
①	太陽の放射エネルギー	月の引力によるエネルギー
②	地球の内部エネルギー	太陽の放射エネルギー
③	太陽の放射エネルギー	地球の内部エネルギー
④	地球の内部エネルギー	月の引力によるエネルギー

【選択問題】（ 7 ・ 8 のどちらか1題を選び解答する）

8 　天体の運行と人間生活について，問1～問5に答えよ。

問1　日本で観察される天体の運行について，地球の公転にかかわる現象として**適切でない**ものを，次の①～④のうちから一つ選べ。解答番号は　16　。

① 　同じ日に観察される天体の位置は，時刻によって変化する。

② 　太陽の南中高度は，季節によって異なる。

③ 　1太陽日は，1恒星日より長い。

④ 　同時刻に観察される星座は，季節によって異なる。

問2　金星は夕暮れや明け方に観察されるが，深夜には観察されない。しかし，木星は深夜に観察されることがある。この違いを説明する文として最も適切なものを，次の①～④のうちから一つ選べ。解答番号は　17　。

① 　金星に比べて木星のほうが，自転周期が短いため。

② 　金星に比べて木星のほうが，公転周期が長いため。

③ 　金星は地球の内側を公転し，木星は地球の外側を公転するため。

④ 　金星は地球型惑星であり，木星は木星型惑星であるため。

問3　図は，ある時刻に北の空の北極星と恒星Aの位置関係を模式的に表したものである。この時刻から1時間後の北極星と恒星Aの位置を説明する文として最も適切なものを，下の①～④のうちから一つ選べ。解答番号は　18　。

北極星 ★　　　　　　　●恒星A

図

① 　北極星の位置は変わらず，恒星Aは高度が高くなる。

② 　北極星の位置は変わらず，恒星Aは高度が低くなる。

③ 　恒星Aの位置は変わらず，北極星は高度が高くなる。

④ 　恒星Aの位置は変わらず，北極星は高度が低くなる。

問4 2021年11月19日の日没後に，日本の広範囲で東の空に月食が観察された。このときの
太陽，地球，月の位置関係として正しいものを，下の①〜④のうちから一つ選べ。
解答番号は 19 。

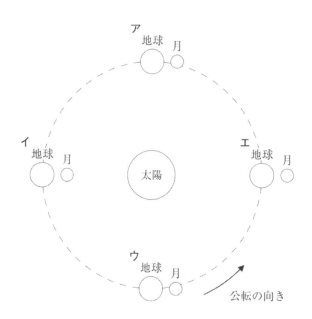

① ア

② イ

③ ウ

④ エ

問5 現在，世界の多くの国で採用されているグレゴリオ暦について説明する次の文中の
A ， B に入る語句の組合せとして適切なものを，下の①〜④のうちから一つ選
べ。解答番号は 20 。

グレゴリオ暦は，1582年に，ローマ法王グレゴリウス13世によって定められた。この暦
は， A の動きをもとにつくられ，うるう年を B 置くように定められた。

	A	B
①	太　陽	4年に1回
②	太　陽	400年に97回
③	月	400年に97回
④	月	4年に1回

令和４年度　第１回

解答・解説

📖　令和4年度　第1回　高卒認定試験

【　解　答　】

1	解答番号	正答	配点	2	解答番号	正答	配点	3	解答番号	正答	配点	4	解答番号	正答	配点
問1	1	①	5	問1	1	②	5	問1	6	①	5	問1	6	①	5
問2	2	④	5	問2	2	③	5	問2	7	②	5	問2	7	③	5
問3	3	③	5	問3	3	④	5	問3	8	①	5	問3	8	②	5
問4	4	②	5	問4	4	②	5	問4	9	③	5	問4	9	④	5
問5	5	②	5	問5	5	④	5	問5	10	③	5	問5	10	②	5

5	解答番号	正答	配点	6	解答番号	正答	配点	7	解答番号	正答	配点	8	解答番号	正答	配点
問1	11	④	5	問1	11	①	5	問1	16	③	5	問1	16	①	5
問2	12	①	5	問2	12	①	5	問2	17	③	5	問2	17	③	5
問3	13	④	5	問3	13	④	5	問3	18	④	5	問3	18	①	5
問4	14	②	5	問4	14	④	5	問4	19	①	5	問4	19	④	5
問5	15	④	5	問5	15	④	5	問5	20	②	5	問5	20	②	5

【　解　説　】

1

問1　光は波長によって屈折率が異なります。したがって、正解は①となります。②について、光は色によって波長が異なりますので、それぞれの色の周波数は異なるため誤りです。③について、スペクトルが現れるのは光の反射ではなく屈折によるため誤りです。④について、光の三原色と呼ばれる赤・緑・青の光を均等に重ねると白色になるため誤りです。

解答番号【1】：①　　⇒ 重要度A

問2　光の波長の長さは色によって異なっており、紫・青・緑・黄・橙・赤の順に波長が長くなります。また、光が強め合ったり弱め合ったりすることを干渉と呼び、光が四方に散ることを散乱と呼びます。この実験では、石けん水の粒子によって光が散乱しています。よって、Aには「短い」、Bには「散乱」が入ります。したがって、正解は④となります。

解答番号【2】：④　　⇒ 重要度A

問3　屈折とは、波の伝わる速さが異なる媒質の境界面で、波の進む方向が変わることをいいます。図3のような現象は屈折によって起こります。したがって、正解は③となります。①について、回折とは、光や波が障害物を回り込むように広がることです。②について、

分散とは、光がさまざまな色に分かれることです。④について、偏光とは、光の振動面が特定の方向に偏っていることです。

解答番号【3】：③　　⇒**重要度A**

問4　油とガラスの屈折率が等しくなり、光がガラスの表面で反射も屈折もしなければガラス棒が見えることはありません。したがって、正解は②となります。①ついて、油の表面ですべての光が反射した場合、油の内部が見えないため誤りです。③について、光は色によって波長が異なるので、干渉が起こるとすべての光が見えなくなることはなく、シャボン玉の表面のように特定の色がよく見えるようになるため誤りです。④について、光がガラス棒の表面で乱反射した場合、ガラス棒が見えることになるため誤りです。

解答番号【4】：②　　⇒**重要度B**

問5　紫外線には殺菌効果があるとされています。したがって、正解は②となります。①について、非破壊検査には主にX線が使われています。③について、気象レーダーにはマイクロ波が使われています。④について、電子レンジにはマイクロ波が使われています。

解答番号【5】：②　　⇒**重要度A**

2

問1　電力（W）は、電圧（V）×電流（A）によって求めることができます。電力が一定の場合、電圧の大きさが大きくなると電流の大きさが小さくなります。よって、Aには「電圧」、Bには「電流」が入ります。したがって、正解は②となります。①と④について、送電線の電気抵抗の大きさは電流や電圧によって変化しないため誤りです。③について、電気抵抗の大きさを大きくすると電力損失が大きくなるため誤りです。

解答番号【1】：②　　⇒**重要度A**

問2　電流Iとジュール熱Qの関係を問う問題です。熱量をQ [J]、電流をI [A]、時間をt [s]、抵抗をR [Ω] とすると、ジュールの法則より、$Q = RI^2t$ が成り立ちます。本問においては、単位時間あたりの熱量をQとしていることから$t = 1$になります。また、送電線の抵抗Rは一定ですから、QはI^2に比例します。したがって、正解は③となります。

解答番号【2】：③　　⇒**重要度A**

問3　図2から、鉄球の温度が20K変化して熱平衡状態になっていることがわかります。したがって、正解は④となります。①について、この鉄球の熱容量は0.44J/(g・K)×10g ＝ 4.4J/K であるため誤りです。②について、鉄球の温度が下がっていることから、鉄球は熱量を失っていることがわかるため誤りです。③について、比熱は物体の質量によらず、鉄球が増えても比熱は変わらないため誤りです。

解答番号【3】：④　　⇒**重要度A**

問4　鉄球が失った熱量は0.44J/(g・K)×20℃×10g＝88Jと求められます。この鉄球が失った熱量と質量10gの物体Aが受け取った熱量が等しくなるのは、比熱0.88J/(g・K)の物体が10℃から20℃になった場合です。その場合の熱量は0.88J/(g・K)×10℃×10g＝88Jとなります。したがって、正解は②となります。①と③について、40℃の鉄球は物

体Aと接触して20℃になっていることをふまえると、物体Aの温度は20℃より低いと考えられるため誤りです。④について、比熱0.22J/(g・K)の物体Aが10℃から20℃になる場合、物体Aは0.22J/(g・K)×10℃×10g＝22Jの熱量を得たことになりますが、この22Jという熱量は鉄球の失った熱量と等しくないため誤りです。

解答番号【4】：②　　⇒ 重要度A

問5　温度40℃で質量10gの鉄球2個が、図2のように20℃になるには、0.44J/(g・K)×20g×20℃＝176Jの熱量を物体Bに伝える必要があります。問4の解説より、物体Aの比熱は0.88J/(g・K)で、はじめの温度は10℃です。質量10gの物体Bの比熱が物体Aの2倍の1.76J/(g・K)で、はじめの温度が物体Aと同じく10℃であれば、1.76J/(g・K)×10g×10℃＝176Jとなり、2個の鉄球が伝える熱量と等しくなります。したがって、正解は④となります。

解答番号【5】：④　　⇒ 重要度B

3

問1　「ア」のプラスチックは、実験3において水に浮いたことから、水より密度が小さいことがわかります。「ア」～「エ」のプラスチックのうち、水より密度が小さいのはポリエチレンです。したがって、正解は①となります。

解答番号【6】：①　　⇒ 重要度A

問2　誤っているものを選びます。「イ」のプラスチックは、実験1において熱を加えるとやわらかくなったことから熱可塑性樹脂であることがわかり、また実験3において水にも飽和食塩水にも沈んだことから水や飽和食塩水より密度が大きいことがわかりますので、「イ」のプラスチックはポリエチレンテレフタラートです。ポリエチレンテレフタラートは縮合重合でできています。したがって、正解は②となります。

解答番号【7】：②　　⇒ 重要度B

問3　「ウ」のプラスチックは、実験3において水には沈んで飽和食塩水には浮いたことから、水より密度が大きく、飽和食塩水より密度が小さいポリスチレンであることがわかります。ポリスチレンは食品のトレーやカップ麺の容器などに用いられています。したがって、正解は①となります。②について、炭酸飲料容器はポリエチレンテレフタラートでできています。③について、ポリ袋はポリエチレンでできています。④について、水道管はポリ塩化ビニルでできています。

解答番号【8】：①　　⇒ 重要度A

問4　「エ」のプラスチックは、実験1において熱を加えても変化しないことから熱硬化性樹脂であることがわかり、実験3において水にも飽和食塩水にも沈んだことから水や飽和食塩水より密度が大きいことがわかりますので、「エ」のプラスチックはフェノール樹脂です。よって、Aには「立体網目状」、Bには「熱硬化性樹脂」が入ります。したがって、正解は③となります。なお、熱硬化性樹脂は立体網目上の構造をもっているのに対して、熱可塑性樹脂は長い鎖状の構造をもっています。

解答番号【9】：③　　⇒ 重要度A

問5　①についてはリユースの説明で、②についてはサーマルリサイクルの説明で、③については ケミカルリサイクルの説明です。したがって、正解は④となります。

解答番号【10】：④　⇒ 重要度B

4

問1　繊維は撚り合わせることによって糸となり、その糸を織ることによって布となります。 繊維には天然繊維と化学繊維があり、化学繊維のうち主に石油を原料とするものを合成繊 維と呼びます。よって、Aには「糸」、Bには「化学」、Cには「合成」が入ります。したがっ て、正解は①となります。

解答番号【6】：①　⇒ 重要度A

問2　羊毛と絹は、動物由来の繊維で、タンパク質を主成分としています。これに対して、 木綿は植物由来の繊維で、セルロースを主成分としています。よって、Dには「羊毛、絹」、 Eには「木綿」が入ります。したがって、正解は③となります。

解答番号【7】：③　⇒ 重要度A

問3　羊毛の主成分はケラチンで、このケラチンは毛髪の主成分でもあります。このため、 羊毛を燃やすと毛髪が焦げるようなにおいがします。したがって、正解は②となります。 ①について、保湿性が高く燃えにくいアクリル繊維を燃やした場合の説明です。③につ いて、ポリエステルなどの炭素を多く含む繊維を燃やした場合の説明です。④について、 ナイロン、ポリエステル、アクリル、ビニロンなどの合成繊維を燃やした場合の説明です。

解答番号【8】：②　⇒ 重要度B

問4　レーヨンはセルロースを原料としてつくられる再生繊維です。吸湿性に優れているた めタオルなどに使われています。したがって、正解は④となります。①について、これ はアクリル繊維の説明です。アクリル繊維は羊毛に似た性質をもちますが羊毛と違って 虫がつきにくいため、ほかにも毛布やぬいぐるみなどに使われています。②について、 これはポリエチレンテレフタラートの説明です。ポリエチレンテレフタラートはペット ボトルにも使われています。③について、これはアセテートの説明です。アセテートは セルロースに酢酸を反応させてつくる半合成繊維で、絹に似た光沢をもつため婦人服な どに使われています。

解答番号【9】：④　⇒ 重要度A

問5　適切でないものを選びます。ナイロンはヘキサメチレンジアミンとアジピン酸から合 成されます。したがって、正解は②となります。なお、エチレングリコールとテレフタ ル酸から合成されるのはポリエチレンテレフタラートです。

解答番号【10】：②　⇒ 重要度B

5

問1　一日の明期または暗期の長さに対する生物の反応を光周性といい、光の入射方向に対 応して植物などの成長方向が変化する性質のことを光屈性といいます。また、植物が光の

方向に曲がって成長するのは、光の当たらない側の細胞が大きく成長するためです。よって、Aには「光屈性」、Bには「当たらない側」が入ります。したがって、正解は④となります。

解答番号【11】：④ ⇒ 重要度A

問2　光発芽種子とは、水、温度、酸素の各条件が十分に満たされていることに加えて、光の照射を発芽の条件とする植物の種子のことをいいます。したがって、正解は①となります。

解答番号【12】：① ⇒ 重要度A

問3　図の結果から、限界暗期よりも暗期が連続して長い場合に花芽形成していることがわかります。このような植物のことを短日植物といいます。したがって、正解は④となります。①について、陽生植物とは、日なたでよく生育する植物のことをいいます。②について、陰生植物とは、光が比較的弱いところで生育する植物のことです。③について、長日植物とは、明期が長くなると花芽する植物のことです。

解答番号【13】：④ ⇒ 重要度A

問4　問3の解説より、植物「ア」は短日植物です。短日植物には、キク、アヤメ、ダイコン、ホウレンソウがあります。したがって、正解は②となります。

解答番号【14】：② ⇒ 重要度A

問5　図から、Ⅱの条件とⅢの条件は明期と暗期の長さがほぼ同じですが、暗期の途中で光を当てるか否かという違いがあることがわかります。Ⅱの条件とⅢの条件の違いはこれのみですから、Ⅲの条件における結果、つまり植物「ア」が花芽形成しなかったのは、光を当てられて暗期が一時中断したことによると推測できます。したがって、正解は④となります。

解答番号【15】：④ ⇒ 重要度A

6

問1　この実験の結果として、手のひらを付けた寒天培地においてのみ微生物の増殖が観察されています。いずれの培地もはじめに滅菌し、ふたをしてから放置しているため、この微生物は手のひらに存在していたと考えられます。したがって、正解は①となります。②について、この実験では、いずれの培地も滅菌のうえ、ふたをしており、空気中から培地に落ちた微生物が増殖したとは考えられないため誤りです。③について、手を石けんや消毒用アルコールで除菌した場合、手のひらの微生物が死滅するため誤りです。④について、この実験では、いずれの培地も滅菌しており、放置する前から培地に微生物が存在していたとは考えられないため誤りです。

解答番号【11】：① ⇒ 重要度A

問2　レーウェンフックは自作の顕微鏡を用いて、初めて微生物を観察することに成功しました。したがって、正解は①となります。②について、パスツールはワインができる過

程で微生物による発酵が行われていることを発見した人物です。③について、コッホは炭疽の原因菌を発見し、また伝染病の原因を解明した人物です。④について、北里柴三郎は破傷風の治療法を確立した人物です。

解答番号【12】：①　　⇒ 重要度Ａ

問3　一般に、光学顕微鏡ではウイルスを観察することができません。光学顕微鏡では 0.2 μm 程度の大きさまでであれば対象を観察することができますが、これよりも小さい対象であるウイルスを観察するには電子顕微鏡が必要になります。したがって、正解は④となります。

解答番号【13】：④　　⇒ 重要度Ａ

問4　ヒトの腸内にすみつく微生物とは腸内細菌のことを指します。腸内細菌には、ビフィズス菌や大腸菌などがあります。したがって、正解は③となります。①については、古細菌は細菌ではなく原核生物で、その多くは高温や高圧といった極端な環境に生息します。②について、根粒菌とは、主にマメ科植物の根に生息し、その中で窒素固定を行う細菌です。④について、シアノバクテリアとは、光合成を行う細菌です

解答番号【14】：③　　⇒ 重要度Ａ

問5　適切でないものを選びます。予防接種とは、毒性を弱めた病原体を摂取することによって、人工的に免疫を生成し、免疫力を高める予防法のことです。したがって、正解は④となります。

解答番号【15】：④　　⇒ 重要度Ａ

7

問1　図1の上部には山が見られ、その下部には平地が見られることから、この地形が扇状地であることがわかります。また、扇状地は、河川により運搬された土砂が、山地から平地に出る出口において堆積することによって形成されます。したがって、正解は③となります。なお、三角州は、河川により運搬された土砂が、河口付近において堆積することによって形成されます。

解答番号【16】：③　　⇒ 重要度Ａ

問2　海に面した山地や台地が主に波に削り取られて、波の浸食作用によってできた崖のことを海食崖といいます。したがって、正解は③となります。①について、これは活断層崖の説明であるため誤りです。②については、海食崖の成因は津波に限らないため誤りです。④については、海食崖は風化作用によって形成されるものではないため誤りです。

解答番号【17】：③　　⇒ 重要度Ａ

問3　海岸段丘は、海岸の隆起と海岸の侵食あるいは海面の低下と海岸の浸食が交互に起こることによって形成されます。よって、Aには「隆起」、Bには「低下」が入ります。したがって、正解は④となります。

解答番号【18】：④　　⇒ 重要度Ａ

問4　この実験では、さまざまな粒子の混じった砂や泥をかき混ぜた後、アクリルパイプに入れ、砂や泥が堆積する様子を観察しています。この実験の結果として、粒子の大きな砂は下部に、粒子の小さな泥は上部に堆積していることが観察されます。この実験の様子は、土石流が海に流れ込み、粒子の大きな砂礫は下部に、粒子の小さな泥は上部に堆積する様子に相当します。したがって、正解は①となります。

解答番号【19】：①　　⇒ **重要度A**

問5　火山活動や地殻変動など地表面の起伏を大きくするのは、地球の内部エネルギーによるものです。一方、気温や気圧の変化や地球上の水の循環によって地表の岩石が破壊されて地表面が平坦化するのは、太陽の放射エネルギーによるものです。したがって、正解は②となります。

解答番号【20】：②　　⇒ **重要度B**

8

問1　適切でないものを選びます。時刻による天体位置の変化は、地球の自転によって生じる現象です。したがって、正解は①となります。

解答番号【16】：①　　⇒ **重要度B**

問2　金星は地球より太陽側にあるため、地球から見ると常に太陽の側にあるように見えます。深夜には地球が太陽と反対側を向いているため、太陽の側にある金星を見ることはできません。一方、地球よりも外側にある木星は、地球から見て太陽と反対側にあるので、深夜にも見えることがあります。したがって、正解は③となります。①と②と④について、惑星の自転周期、惑星の公転周期の長さ、惑星の分類は、いずれも地球から見えるかどうかに関係ないため誤りです。

解答番号【17】：③　　⇒ **重要度B**

問3　北極星は、地球の自転軸の延長線上にある星のため、時間が経過してもほぼ同じ位置に観察することができます。また、北の空の星は、北極星を中心として1時間に15°ずつ反時計回りに動いていきます。よって、恒星Aの高度は1時間後には高くなります。したがって、正解は①となります。

解答番号【18】：①　　⇒ **重要度A**

問4　月食とは、地球が太陽と月の間に入り、地球の影が月にかかることによって月が欠けて見える現象のことです。東の空に月食が観察される場合、太陽と地球と月がこの順番に直線上に並ぶことになります。したがって、正解は④となります。

解答番号【19】：④　　⇒ **重要度A**

問5　グレゴリオ暦とは、太陽の動きを基につくられた暦（太陽暦）で、うるう年を設定しています。グレゴリオ暦では、基本的に4の倍数の年にうるう年を設けます。ただし、100の倍数になる年は、400の倍数の年でない限り、うるう年を設けません。よって、Aには「太陽」、Bには「400年に97回」が入ります。したがって、正解は②となります。

解答番号【20】：②　　⇒ **重要度A**

令和3年度 第2回
高卒認定試験

科学と人間生活

注 意 事 項（抜粋）

＊　試験開始の合図前に，監督者の指示に従って，解答用紙の該当欄に以下の内容
をそれぞれ正しく記入し，マークすること。

①氏名欄
氏名を記入すること。

②受験番号，③生年月日，④受験地欄
受験番号，生年月日を記入し，さらにマーク欄に受験番号（数字），生年月日（年
号・数字），受験地をマークすること。

＊　受験番号，生年月日，受験地が正しくマークされていない場合は，採点できな
いことがある。

＊　解答は，解答用紙の解答欄にマークすること。例えば， 10 と表示のある解

答番号に対して②と解答する場合は，次の（例）のように**解答番号 10 の解答欄の**

②にマークすること。

（例）

解答番号	解 答 欄
10	① ② ③ ④ ⑤ ⑥ ⑦ ⑧ ⑨ ⓪

1 【選択問題】 1 ・ 2 のどちらか1題， 3 ・ 4 のどちらか1題， 5 ・ 6

のどちらか1題， 7 ・ 8 のどちらか1題の計4題を選んで，解

答する問題番号を記入及びマークした上で，解答すること。5題以
上にわたり解答した場合は採点できないので注意すること。

1 ・ 2 の解答番号は 1 から 5

3 ・ 4 の解答番号は 6 から 10

5 ・ 6 の解答番号は 11 から 15

7 ・ 8 の解答番号は 16 から 20

科 学 と 人 間 生 活

（解答番号 　1　 ～ 　20　 ）

【選択問題】（ 　1　 ・ 　2　 のどちらか1題を選び解答する）

　1　 光の性質について，問1～問5に答えよ。

問1　図1のようにカップの底にコインを1枚入れ，コインがわずかに見える状態で目線を変えずに水を注ぎ入れると，図2のようにコインの全体が見える状態になった。このとき，コインから出た光が水中を通り空気中を進み，観測者の眼に届くまでの光の進む道すじとして適切なものを，下の①～④のうちから一つ選べ。解答番号は 　1　 。

図1

図2

①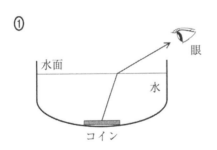

②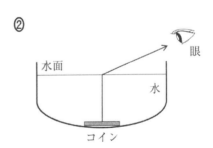

③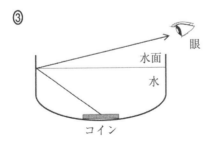

④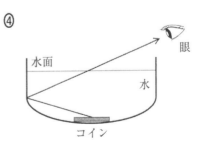

問2　机上にコインを置き，その上に図3のように何も入っていない透明なガラス製のコップを置いた。その後，側面からコインが見える状態でコップに水を注ぎ入れたところ，図4のようにコップの側面からはコインが全く見えない状態になった。このコインが見えなくなった理由を説明する文として最も適切なものを，下の①〜④のうちから一つ選べ。

解答番号は　2　。

コインの上に
コップを置く

図3　　　　　　　　　　　　　　　　　　図4

① コインから出た光がコップの中の水で散乱されたため。

② コインから出た光がコップの中の水で乱反射されたため。

③ 水が入ることで，光がコップで反射されたため。

④ 水が入ることで，光がコップで全反射されたため。

科学と人間生活

問3 図5のように単色光をスリットSと，2つのスリットA，Bに通過させると，その後ろの
スクリーンに縞模様が観測された。縞模様が観測された理由について説明した下の文中の
ア ～ ウ に当てはまる語句の組合せとして正しいものを，下の①～④のうちから
一つ選べ。解答番号は 3 。

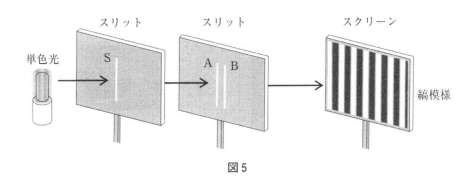

図5

　単色光がスリットSを通過したのちに回折して広がり，2つのスリットA，Bを通過し，
さらに回折して広がりスクリーンに達する。このときA，Bを通過して回折した光が
ア し，スクリーン上で強め合う イ 部分と弱め合う ウ 部分が縞模様となっ
て観測される。

	ア	イ	ウ
①	散乱	暗い	明るい
②	散乱	明るい	暗い
③	干渉	暗い	明るい
④	干渉	明るい	暗い

問4 光源を単色光から白色光に変えて図5と同様な実験を行ったところ，スクリーンにはさま
ざまな色の光の帯が観測された。このような光の帯をスペクトルという。光のスペクトルを
観測するために用いる器具として最も適切なものを，次の①～④のうちから一つ選べ。
解答番号は 4 。

① 平面鏡
② 凸レンズ
③ プリズム
④ 偏光板

73

問5 表は電磁波の名称と波長，おもな利用の例を示したものである。表の $\boxed{エ}$ ～ $\boxed{カ}$ に当てはまる語句の組合せとして正しいものを，下の①～④のうちから一つ選べ。

解答番号は $\boxed{5}$ 。

表

名称		波長	おもな利用の例
電波	長波（LF）	$10 \sim 1\ \mathrm{km}$	電波時計
	中波（MF）	$1000 \sim 100\ \mathrm{m}$	国内ラジオ AM 放送
	短波（HF）	$100 \sim 10\ \mathrm{m}$	遠距離ラジオ
	超短波（VHF）	$10 \sim 1\ \mathrm{m}$	ラジオ FM 放送
	極超短波（UHF）	$100 \sim 10\ \mathrm{cm}$	テレビ放送
	センチ波（SHF）	$10 \sim 1\ \mathrm{cm}$	衛星放送
	ミリ波（EHF） ⎱ $\boxed{エ}$	$10 \sim 1\ \mathrm{mm}$	電波望遠鏡
	サブミリ波	$1 \sim 0.1\ \mathrm{mm}$	がん検査
赤外線		$0.1\ \mathrm{mm} \sim 770\ \mathrm{nm}$	赤外線写真
可視光線		$770 \sim 380\ \mathrm{nm}$	光通信・光学機器
$\boxed{オ}$		$380 \sim 10\ \mathrm{nm}$	殺菌
X線		$10 \sim 0.001\ \mathrm{nm}$	X線写真
$\boxed{カ}$		$0.01\ \mathrm{nm}$ 未満	材料検査・医療

	$\boxed{エ}$	$\boxed{オ}$	$\boxed{カ}$
①	マイクロ波	ガンマ線	紫外線
②	マイクロ波	紫外線	ガンマ線
③	紫外線	マイクロ波	ガンマ線
④	紫外線	ガンマ線	マイクロ波

【選択問題】（ 1 ・ 2 のどちらか1題を選び解答する）

2 熱について，問1～問5に答えよ。

　図の装置では，左右のおもりが落下するとき，回転軸に取り付けられた回転翼を回転させる。回転軸に取り付けられた回転翼は熱量計内の水をかき回し，水の温度を上昇させる。おもりが落下するときに重力がした仕事と水の温度上昇に使われた熱量の関係を確認することができる。

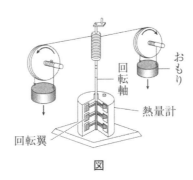

図

　物体の温度は，原子・分子の運動に深く関係している。物体を構成する原子・分子が，無秩序に動き続けることを ア という。温度は ア の激しさを表すものである。温度の決め方の中で，1気圧のもと，水が氷になる温度を0度，水が沸騰する温度を100度とするものを イ という。

問1　文中の ア ， イ に当てはまる語句の組合せとして正しいものを，次の①～④のうちから一つ選べ。解答番号は 1 。

	ア	イ
①	熱伝導	セルシウス温度
②	熱伝導	絶対温度
③	熱運動	セルシウス温度
④	熱運動	絶対温度

問2 図の装置のおもりのように，高い所にある物体は落下すると，他の物体に仕事をすることができるのでエネルギーをもつ。高い所にある物体がもつエネルギーを重力の ウ エネルギーという。 ウ に当てはまる語句として正しいものを，次の①〜④のうちから一つ選べ。解答番号は 2 。

① 運　動

② 仕　事

③ 位　置

④ 質　量

問3 繰り返しおもりを落下させて回転翼で熱量計内の水をかき回したところ，熱量計内の水の温度は 20.2℃ から 20.4℃ に変化した。熱量計と熱量計内の水を合わせた熱容量が 5000 J/K であるとき，水と熱量計が得た熱量の大きさとして適切なものを，次の①〜④のうちから一つ選べ。解答番号は 3 。

① 1000 J

② 2500 J

③ 4200 J

④ 8400 J

問4 エネルギーの変換について述べた文として正しいものを，次の①〜④のうちから一つ選べ。解答番号は 4 。

① 火力発電では，石炭や天然ガスの核エネルギーを電気エネルギーに変換している。

② 地熱発電では，光エネルギーを電気エネルギーに変換している。

③ 太陽電池では，熱エネルギーを電気エネルギーに変換している。

④ 水力発電では，力学的エネルギーを電気エネルギーに変換している。

問5 蒸気機関やガソリンエンジンでは，熱を利用して仕事を連続的に取り出している。このような装置を熱機関という。熱機関は，高い温度の物体から熱量 Q_1 を得て，低い温度の物体へ熱量 Q_2 を放出し，その熱量の差を仕事に変える。ある熱機関が 80 J の熱量を得て 60 J の熱を放出した。この熱機関の熱効率として正しいものを，次の①〜④のうちから一つ選べ。解答番号は 5 。

① 20 %

② 25 %

③ 35 %

④ 75 %

【選択問題】(3 ・ 4 のどちらか1題を選び解答する)

3 私たちが生命と健康を維持して,日常生活を営むのに必要な食品の成分である栄養素について,問1〜問5に答えよ。

問1 栄養素とそれを多く含む食品の組合せとして正しいものを,次の①〜④のうちから一つ選べ。解答番号は 6 。

	栄養素	食品
①	炭水化物	ジャガイモ・コメ
②	タンパク質	バター・ニンジン
③	油脂(脂質)	オリーブオイル・白菜
④	ビタミン	食塩・レモン

問2 栄養素の一つである無機塩類(ミネラル)について述べた文のうち正しいものを,次の①〜④のうちから一つ選べ。解答番号は 7 。

① 健康の維持のため毎日大量に摂取する必要がある。

② Mg,S,Clなどで,からだの表面を保護する役割をもつ。

③ ほかの栄養素から合成できる成分である。

④ Ca,P,Feなどで,からだの機能の調整を行う。

問３　栄養素は消化器官で消化されて体内に取り込まれる。消化の様子を示した模式図として誤っているものを，次の①～④のうちから一つ選べ。解答番号は　8　。

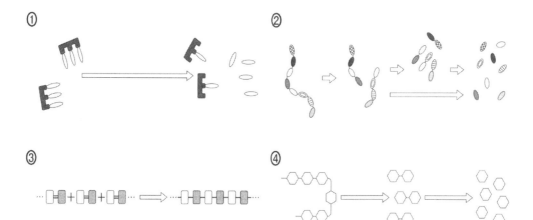

問４　体内に取り込まれた栄養素の役割として最も適切なものを，次の①～④のうちから一つ選べ。解答番号は　9　。

① タンパク質は，体内で糖へ変化し，筋肉や骨の主成分になる。

② 炭水化物は，体内に吸収され，エネルギー源となる。

③ 油脂(脂質)は，体内で無機塩類(ミネラル)と結合して，酵素となる。

④ ビタミンは，体内の細胞の細胞膜の主成分となる。

問５　食品に含まれる栄養素が変質しないように保存する方法として誤っているものを，次の①～④のうちから一つ選べ。解答番号は　10　。

① 食品添加物として保存料を加える。

② 防腐剤として酸素を加える。

③ 缶詰にして密閉する。

④ 冷蔵庫などで低温にする。

【選択問題】（ 3 ・ 4 のどちらか１題を選び解答する）

4 私たちの身の回りに存在するプラスチックについて，問１～問５に答えよ。

問１ 次の文中の A ， B に当てはまる語句の組合せとして正しいものを，下の①～
④のうちから一つ選べ。解答番号は 6 。

プラスチックは多数の分子が結合している高分子化合物からできている。高分子化合物を
構成する小さな単位を A ，できあがった高分子化合物全体を B という。

	A	B
①	単量体(モノマー)	重合体(ポリマー)
②	単量体(モノマー)	縮合体(キューティクル)
③	複合体(ペプチド)	重合体(ポリマー)
④	複合体(ペプチド)	縮合体(キューティクル)

問２ ポリエチレンテレフタラートを用いてつくられた製品として適切なものを，次の①～④の
うちから一つ選べ。解答番号は 7 。

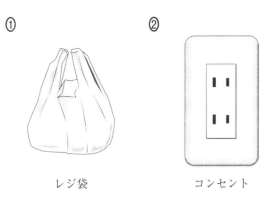

① レジ袋 ② コンセント

③ ペットボトル ④ 消しゴム

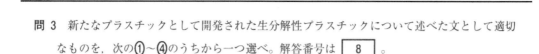

問 3　新たなプラスチックとして開発された生分解性プラスチックについて述べた文として適切なものを，次の①～④のうちから一つ選べ。解答番号は　8　。

① 土の中に埋めると，微生物により水と二酸化炭素になる。

② 原材料が主に鉱物であるため，土壌に廃棄しても一体化し，土にかえる性質をもつ。

③ 電気を伝える性質があるため，タッチパネルやモバイル機器などに利用されている。

④ 大量の水を吸収する性質があるため，紙おむつなどに使われている。

問 4　次の文中の　C　～　E　に当てはまる語句の組合せとして正しいものを，下の①～④のうちから一つ選べ。解答番号は　9　。

　　廃プラスチックの有効利用には，おもに3つのリサイクル方法がある。燃やして燃料として利用する　C　リサイクル，原料の石油などに戻して利用する　D　リサイクル，加工して新しい製品の材料として利用する　E　リサイクルである。

	C	D	E
①	サーマル	マテリアル	ケミカル
②	サーマル	ケミカル	マテリアル
③	ケミカル	サーマル	マテリアル
④	マテリアル	ケミカル	サーマル

問 5　熱硬化性樹脂の説明とそのおもなプラスチックの組合せとして適切なものを，次の①～④のうちから一つ選べ。解答番号は　10　。

	説　明	おもなプラスチック
①	熱を加えるとやわらかくなる	ポリエチレン
②	熱を加えるとやわらかくなる	尿素樹脂
③	熱を加えると硬くなる	ポリエチレン
④	熱を加えると硬くなる	尿素樹脂

【選択問題】（ 5 ・ 6 のどちらか１題を選び解答する）

5 ヒトの目の構造とはたらきについて，**問１～問５**に答えよ。

問１ 図１は，明るさの違いによる瞳孔の状態を示したものである。瞳孔の変化とそのしくみの
説明の組合せとして正しいものを，下の①～④のうちから一つ選べ。解答番号は 11 。

　　　　ア　　　　　　　　　　　　　　　　イ

図１

	図１のア，イの瞳孔の状態	瞳孔の拡大と縮小
①	アは明るいとき，イは暗いときの状態である	角膜が行う
②	アは暗いとき，イは明るいときの状態である	角膜が行う
③	アは明るいとき，イは暗いときの状態である	虹彩が行う
④	アは暗いとき，イは明るいときの状態である	虹彩が行う

問２ 次の文は網膜に関する説明である。この文の A ～ C にあてはまる名称の組合
せとして正しいものを，下の①～④のうちから一つ選べ。解答番号は 12 。

網膜には明暗に反応する A と，明るい所ではたらいて色の識別に関係する B
がある。網膜の C の部位には B が多く存在している。

	A	B	C
①	錐体細胞	桿体細胞	黄斑
②	錐体細胞	桿体細胞	盲斑
③	桿体細胞	錐体細胞	黄斑
④	桿体細胞	錐体細胞	盲斑

問3 周囲の明るさの変化への順応には，明順応と暗順応とがある。明順応の説明として適切な
ものを，次の①～④のうちから一つ選べ。解答番号は 13 。

① 日照時間の長い季節になると，明るさに同調した概日リズムをもつようになる。

② 明るい光を見続けたときに，目を閉じてもしばらくは光の刺激を感じる。

③ 暗い所から明るい所に急に出ると，最初はまぶしくて見えにくいが，やがて見えるよう
になる。

④ 明るい所から暗い所に入ると，最初は見えにくいが，やがて見えるようになる。

問4 ヒトの眼の遠近調節で，遠いところに焦点を合わせるときのしくみについて述べた文とし
て最も適切なものを，次の①～④のうちから一つ選べ。解答番号は 14 。

① 毛様体の筋肉が収縮し，チン小帯がゆるんで，ガラス体が厚くなる。

② 毛様体の筋肉がゆるんで，チン小帯が緊張し，ガラス体が薄くなる。

③ 毛様体の筋肉が収縮し，チン小帯がゆるんで，水晶体が厚くなる。

④ 毛様体の筋肉がゆるんで，チン小帯が緊張し，水晶体が薄くなる。

問5 図2では，Aの縦線の方がBの縦線よりも長く見えるが，実際には同じ長さで描かれたも
のである。このような見え方を錯視という。錯視が生じる理由として最も適切なものを，下
の①～④のうちから一つ選べ。解答番号は 15 。

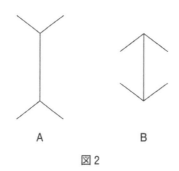

図2

① 錯視は，視覚による情報を脳へ送る神経伝達の不具合によって生じる。

② 錯視は，視覚による情報を脳が事実と異なるように処理することで生じる。

③ 錯視は，身近な現象として知られるが，科学的には全く解明されていない。

④ 錯視は，右眼と左眼の遠近調節の微妙なずれが脳に伝わって生じる。

【選択問題】(5 ・ 6 のどちらか１題を選び解答する)

6 私たちの身の回りに存在する微生物について，問１～問５に答えよ。

問１ 次の文の A ， B に当てはまる人物名の組合せとして正しいものを，下の①～④のうちから一つ選べ。解答番号は 11 。

17世紀，ㅤ A ㅤは手製の顕微鏡でいろいろなものを観察し，微生物の存在を初めて明らかにした。その後19世紀に B は，「白鳥の首」のように曲げたフラスコを使い，微生物が自然には発生しないことを証明した。

	A	B
①	パスツール	コッホ
②	レーウェンフック	コッホ
③	レーウェンフック	パスツール
④	ジェンナー	パスツール

問２ 次の文の C ， D に当てはまる組合せとして正しいものを，下の①～④のうちから一つ選べ。解答番号は 12 。

乳酸菌とタバコモザイクウイルスの大きさを比べると，乳酸菌の方がタバコモザイクウイルスよりも C 。また，それぞれを光学顕微鏡で観察すると D 。

	C	D
①	大きい	乳酸菌のみ観察することができる
②	大きい	乳酸菌とタバコモザイクウイルスの両方が観察できる
③	小さい	タバコモザイクウイルスのみ観察できる
④	小さい	乳酸菌とタバコモザイクウイルスの両方が観察できる

問３ 製造時に，おもにカビのはたらきを利用していない食品を，次の①～④のうちから一つ選べ。解答番号は 13 。

① 日本酒

② しょうゆ

③ かつお節

④ ビール

問4 フレミングが発見したペニシリンという物質は，どのようなはたらきをするものか。正しいものを，次の①～④のうちから一つ選べ。解答番号は 14 。

① 抗生物質の一つであり，細菌の増殖を抑える。

② タンパク質を含む食品に加えると，ヨーグルト状に固める。

③ 血液中のグルコース濃度を下げる。

④ 食品の添加物で，うまみを増加させる。

問5 私たちの生活のなかで，微生物を利用した技術に活性汚泥法というものがある。この技術の説明として適切なものを，次の①～④のうちから一つ選べ。解答番号は 15 。

① 遺伝子組換えを行い，人間に利用可能な物質をつくり出す。

② 下水などの生活排水を浄化する。

③ 有害物質などが含まれた土地から，有害物質を減少・除去する。

④ 土壌中の微生物を増殖させ，植物の成長を促進する。

【選択問題】（ 7 ・ 8 のどちらか1題を選び解答する）

7 太陽や太陽系の惑星について，**問1〜問5**に答えよ。

問1 太陽の中心部は高温・高圧の状態であり，水素の原子核がヘリウムの原子核に変化する反応が生じている。この反応の名称として正しいものを，次の①〜④のうちから一つ選べ。解答番号は 16 。

① 放射性反応

② 核融合反応

③ ビッグバン

④ 核分裂反応

問2 太陽の表面には黒点が観察される。黒点の説明として正しいものを，次の①〜④のうちから一つ選べ。解答番号は 17 。

① 太陽の活動が盛んになると黒点の数は増える。

② 黒点は周囲から熱を吸収しているため，周囲の領域より温度が高い。

③ 黒点でのみ太陽内部のエネルギーが湧き出してくる。

④ 黒点は発生して数時間後には必ず消滅する。

問3 大気の影響がないとして，地球で，太陽から放射されたエネルギーを垂直に受ける$1\,\mathrm{m}^2$の面が1秒間に受け取るエネルギーを太陽定数という。図のように，地球の半径を$r\,[\mathrm{m}]$，円周率をπ，太陽定数を$a\,[\mathrm{J}/(\mathrm{m}^2\cdot\mathrm{s})]$としたとき，地球が1秒間に太陽から受け取るエネルギーの総量$[\mathrm{J}]$を表したものとして最も適切なものを，下の①〜④のうちから一つ選べ。解答番号は 18 。

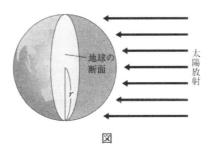

地球の断面

太陽放射

r

図

① $4\,a\pi r^2$

② $3\,a\pi r^2$

③ $2\,a\pi r^2$

④ $a\pi r^2$

問4　太陽系の惑星に関する説明として**誤っているもの**を，次の①〜④のうちから一つ選べ。

解答番号は　19　。

① 水星の地下には固体の水が大量に存在し，表面には液体の水が流れた跡が確認されている。

② 金星の表面の大気圧は地球よりもかなり高く，大気の主成分は二酸化炭素であるため，表面温度は 460 ℃ にもなる。

③ 木星は水素を主成分とした巨大ガス惑星で，表面に縞模様がみられる。

④ 土星がもつリング（環）は小さな氷などでできており，地球からも天体望遠鏡を用いて観察することができる。

問5　地球の大気に含まれる気体の中で，温室効果をもつものの組合せとして最も適切なものを，次の①〜④のうちから一つ選べ。解答番号は　20　。

① 二酸化炭素，酸素

② 二酸化炭素，窒素

③ 水蒸気，二酸化炭素

④ 水蒸気，窒素

【選択問題】（ 7 ・ 8 のどちらか1題を選び解答する）

8 水の循環と地形の成り立ちについて，問1～問5に答えよ。

問1 水の循環を引き起こすもとになるのはおもにどのようなエネルギーか。最も適切なものを，次の①～④のうちから一つ選べ。解答番号は 16 。

① 地球と月の位置関係により生じる位置エネルギー

② 地球の自転にともなう運動エネルギー

③ 地球内部にある熱エネルギー

④ 太陽から地球に届く太陽放射エネルギー

問2 地表に露出した岩石は風化していく。風化について説明している次の文の A ～ C に当てはまる語句の組合せとして適切なものを，下の①～④のうちから一つ選べ。解答番号は 17 。

岩石が風化する場合，一般に粒子の大きさは A なる。風化には大きく分けて2種類あり，岩石の割れ目にしみ込んだ水などが凍ることによりおきる B と，岩石を構成する鉱物に水がしみ込んで鉱物の性質が変化していくような C がある。

	A	B	C
①	小さく	化学的風化	物理的風化
②	小さく	物理的風化	化学的風化
③	大きく	化学的風化	物理的風化
④	大きく	物理的風化	化学的風化

問3 川は水の循環の一部を担っており，侵食・運搬・堆積の作用がある。これらの川の作用の説明として正しいものを，次の①～④のうちから一つ選べ。解答番号は 18 。

① 川が上流の山間部を流れるときは流れが速いため，堆積作用が強くはたらき，川の一部に三角州という地形がつくられる。

② 川が山間部から平野部に流れ出ると流れが遅くなり，堆積作用が強くはたらき，扇状地という地形がつくられる。

③ 川が平野部を流れると流れが速くなり，河床を強く侵食し三日月湖という地形がつくられる。

④ 川の河口部では流れが遅くなり，侵食作用が強くなってV字谷という地形がつくられる。

問4 川から海に流れ出した泥や砂は，海水によって運ばれ，海岸に沿って堆積し砂浜をつくる。入り江に沿って堆積する砂や泥は，図のように入り江を閉ざすよう細長く伸びた地形をつくり出すこともある。この地形の名称として正しいものを，下の①～④のうちから一つ選べ。解答番号は 19 。

図

① 砂　州

② 海岸段丘

③ 海食台

④ 海食崖

問5 山間部で集中豪雨のような大量の雨が降ると，大量の水が谷底に堆積している土砂や岩石を巻き込んで流れ下り，大きな被害をもたらすことがある。この自然災害の名称として正しいものを，次の①～④のうちから一つ選べ。解答番号は 20 。

① 火砕流

② 液状化

③ 土石流

④ 津　波

令和３年度　第２回

解答・解説

```
┌─────────────────────────────────────┐
│      令和3年度　第2回　高卒認定試験      │
└─────────────────────────────────────┘
```

【　解　答　】

1	解答番号	正答	配点	2	解答番号	正答	配点	3	解答番号	正答	配点	4	解答番号	正答	配点
問1	1	①	5	問1	1	③	5	問1	6	①	5	問1	6	①	5
問2	2	④	5	問2	2	③	5	問2	7	④	5	問2	7	③	5
問3	3	④	5	問3	3	①	5	問3	8	③	5	問3	8	①	5
問4	4	③	5	問4	4	④	5	問4	9	②	5	問4	9	②	5
問5	5	②	5	問5	5	②	5	問5	10	②	5	問5	10	④	5

5	解答番号	正答	配点	6	解答番号	正答	配点	7	解答番号	正答	配点	8	解答番号	正答	配点
問1	11	④	5	問1	11	③	5	問1	16	②	5	問1	16	④	5
問2	12	②	5	問2	12	①	5	問2	17	①	5	問2	17	②	5
問3	13	③	5	問3	13	④	5	問3	18	④	5	問3	18	②	5
問4	14	①	5	問4	14	①	5	問4	19	②	5	問4	19	①	5
問5	15	②	5	問5	15	②	5	問5	20	③	5	問5	20	③	5

【　解　説　】

1

問1　コインから出た光は境界面で屈折して眼に見ることができます。光が当たる面に垂直な直線と入射光がつくる角を入射角，この垂直な線と境界面を通過した屈折光がつくる角を屈折角といいます。水中から空気中へ斜めに入射するとき，屈折角は入射角より大きくなります。入射角がある角度よりも大きくなると，境界面で光がすべて反射される全反射という現象が起こります。また，光が境界面に垂直に入射すると，光は直進します。②の場合は光が直進せず屈折しており，③と④は光がカップの側面に当たっているため，このような屈折は起きないので不適切です。したがって，正解は①となります。

解答番号【1】：1　⇒ 重要度A

問2　空のコップでは側面からコインが見えていますが，コップに水を入れることで空気との境界面で光の屈折が起こり，光の進む方向が変わります。本問ではコップを側面から見ているため，光の入射角が非常に大きくなっています。入射角と屈折角の関係は，光が透明な物体から空気中に出るとき，屈折角が入射角より大きくなることですが，入射角が一定の角度（臨界角）を超えると境界面で全反射が起こります。コインが見えなくなるのはこのためです。したがって，正解は④となります。

解答番号【2】：4　　　⇒ 重要度B

問3　光の回折が起こるとスリットを通過した光が扇状に広がります。スリットSを通過したのちに回折して広がり，2つのスリットA，Bを通過してさらに回折により広がった光は互いに干渉し，スクリーン上で強め合う明るい部分と弱め合う暗い部分が縞模様となって観測されます。回折では光の波が障害物の背後などに回り込んで伝わっていき，干渉では回折で生じた複数の光の波が重なり合うことで強め合ったり弱め合ったりします。したがって，正解は④となります。

解答番号【3】：4　　　⇒ 重要度A

問4　光のスペクトルを観測するために用いる器具はプリズムです。ガラスや水晶のような透明な媒質でできた多面体で，その面のうち少なくとも一組が平行でないもので，一般的には三角形の形状をしています。平面鏡は光を反射し，凸レンズは光を同じ位置に集めるための器具です。また，偏光板は特定方向に偏光した光以外を遮断するのに用います。したがって，正解は③となります。

解答番号【4】：3　　　⇒ 重要度A

問5　極超短波，センチ波，ミリ波，サブミリ波は電波の中で波長が短く，いずれもマイクロ波の一種となります。可視光線よりもすこし波長が短く，殺菌の作用をもつのは紫外線です。また，ガンマ線は医薬品，医療廃棄物，食品などの滅菌や工業的なX線写真などに用いられています。したがって，正解は②となります。

解答番号【5】：2　　　⇒ 重要度B

2

問1　温度は，物体を構成する原子・分子が，無秩序に動き続ける熱運動の激しさを表すものです。1気圧のもとで，水が氷になる温度を0度，水が沸騰する温度を100度とするものをセルシウス温度といいます。これに対して、絶対温度（K）はセルシウス温度＋273で求めることができます。したがって，正解は③となります。

解答番号【1】：3　　　⇒ 重要度A

問2　高い所にある物体がもつエネルギーのことを重力の位置エネルギーといいます。したがって，③が正解となります。

解答番号【2】：3　　　⇒ 重要度A

問3　熱量計と熱量計内の水を合わせた熱容量が5000J/Kであるということは，温度を1度上昇させるのに5000Jの熱量が必要であることを意味します。今，温度は20.2℃から20.4℃に変化しており，0.2℃ほど上昇しています。温度を0.2℃だけ上昇させるのに必要な熱量は $5000 \times 0.2 = 1000$J となります。したがって，正解は①となります。

解答番号【3】：1　　　⇒ 重要度B

問4　①火力発電では熱エネルギーを電気エネルギーに変換しています。②地熱発電では地下のマグマの熱エネルギーを電気エネルギーに変換しています。③太陽電池では太陽の光エネルギーを電気エネルギーに変換しています。したがって，正解は④となります。

解答番号【4】：4　　⇒ ■重要度A■

問5　熱効率は熱として投入されるエネルギーのうち，動力や電力などのエネルギーに変換される割合です。80Jの熱量を得て60Jの熱を放出したということは，その差の20Jが仕事に用いられるエネルギーに変換されたということです。熱効率は20÷80×100＝25％となります。したがって，正解は②となります。

解答番号【5】：2　　⇒ ■重要度B■

3

問1　②バターやニンジンにはタンパク質は多く含まれていません。③白菜には油脂は多く含まれていません。④ビタミンは有機化合物になるので，食塩のような無機物には含まれていません。したがって，正解は①となります。

解答番号【6】：1　　⇒ ■重要度A■

問2　ミネラルは健康の維持のために一定量を摂取する必要がありますが，過剰摂取は体にさまざまな不調を招く可能性があります。また，体内で合成できないため食物から摂取することが必要です。体内において最も多く存在しているミネラルはカルシウム（Ca）ですが，これは歯や骨を形作っているほか，血液や筋肉中において出血を予防したり，心臓の筋肉の収縮作用を増したりするはたらきをもちます。したがって，正解は④となります。

解答番号【7】：4　　⇒ ■重要度B■

問3　栄養素は消化酵素のはたらきにより分解され，体内に取り込まれていきます。①は脂質が脂肪酸とグリセリンに分解される過程，②はタンパク質がアミノ酸に分解される過程，④はデンプン(炭水化物)が二糖類,単糖類に分解される過程を表しています。したがって，正解は③となります。

解答番号【8】：3　　⇒ ■重要度C■

問4　①タンパク質は体内でアミノ酸に分解されて吸収され，筋肉や内蔵などの主成分となります。また，酵素などの主成分となるものもあります。③脂質はタンパク質や糖質の2倍のエネルギーをつくり出すことができる栄養素です。また，細胞膜やホルモンの構成成分としても重要なはたらきをもちます。④ビタミンはヒトが健全に成長し，健康を維持するはたらきがあり，ほかの栄養素がうまくはたらくための潤滑油のような役割をもちます。したがって，正解は②となります。

解答番号【9】：2　　⇒ ■重要度B■

問5　栄養素の変質は微生物や酸化の作用などによって起きます。保存料は微生物の増殖を抑制するものです。缶詰にして密閉したり，冷蔵庫などで低温にすることも変質を防ぐ

方法となります。したがって，②が正解となります。

解答番号【10】：2　　⇒ 重要度A

4

問1　プラスチックは多数の分子が結合している高分子化合物からできており，それを構成する小さな単位を単量体（モノマー），できあがった高分子化合物全体を重合体（ポリマー）といいます。したがって，①が正解となります。

解答番号【6】：1　　⇒ 重要度B

問2　①はポリエチレン，②はポリプロピレン，④はポリ塩化ビニルからつくられます。したがって，③が正解となります。

解答番号【7】：3　　⇒ 重要度A

問3　生分解性プラスチックは，微生物によって完全に消費され自然的副産物（炭酸ガス，メタン，水，バイオマスなど）のみが生じる材料です。原料は生物資源（バイオマス）由来のものと，石油由来のものがあり，主流はデンプンや糖を由来とするものが多くなっています。したがって，正解は①となります。

解答番号【8】：1　　⇒ 重要度B

問4　廃プラスチックの有効利用には，燃やして燃料として利用するサーマルリサイクル，原料の石油などに戻して利用するケミカルリサイクル，加工して新しい製品の材料として利用するマテリアルリサイクルの3つの方法があります。したがって，正解は②となります。

解答番号【9】：2　　⇒ 重要度B

問5　熱を加えると硬くなるのが熱硬化性樹脂の特徴です。一方，加熱により軟化して成形できるものが熱可塑性樹脂です。熱硬化性樹脂にはフェノール樹脂や尿素樹脂などがあります。したがって，正解は④となります。

解答番号【10】：4　　⇒ 重要度B

5

問1　瞳孔は眼の虹彩によって囲まれた部分で黒く見えます。眼に入る光量を調節するはたらきをもちます。暗いときは瞳孔が拡大し明るいときは瞳孔が縮小しますが，これは虹彩によって調整されます。したがって，正解は④となります。

解答番号【11】：4　　⇒ 重要度B

問2　網膜には明るさと暗さを感知する桿体細胞と，明るいところではたらいて色の識別に関係する錐体細胞があります。桿体細胞は網膜全体に分布しているのに対して，錐体細

胞は網膜の中心部である黄斑に多く存在します。したがって，正解は③となります。

解答番号【12】：3　　⇒ 重要度B

問3　暗いところから明るいところに急に出ると，最初はまぶしくて見えにくいが，やがて見えるようになることを明順応といいます。これに対して，明るいところから暗いところに入ると，最初は見えにくいが，やがて見えるようになることを暗順応といいます。したがって，正解は③となります。

解答番号【13】：3　　⇒ 重要度A

問4　ヒトの眼は，遠いところに焦点を合わせると，毛様体の筋肉がゆるんで，チン小帯が緊張し，水晶体が薄くなります。一方，近いところに焦点を合わせると，毛様体の筋肉が収縮し，チン小帯がゆるんで，水晶体が厚くなります。したがって，正解は④となります。

解答番号【14】：4　　⇒ 重要度B

問5　錯視とは，いわゆる「目の錯覚」のことで，目で見たときに，実際とは違って感じ取られる心理的な現象のことです。錯視にはいろいろな種類があり，ものの大きさ・角度・色が変わって見えるもの，止まっているものが動いて見えるもの，ないものが見えるもの，平面なのに立体的に見えるものなど，多くの錯視が確認されています。図2では縦線から斜めの線を取ってしまえば，同じ長さであることが認識されますが，この斜めの線があることによって，見る側がこの図を立体的にとらえてしまうと，視覚による情報を脳が事実と異なるように処理することになります。したがって，②が正解となります。

解答番号【15】：2　　⇒ 重要度B

6

問1　17世紀にはオランダのレーウェンフックが手製の顕微鏡を用いて，初めて微生物を観察しました。また，19世紀にはフランスのパスツールが「白鳥の首」の形をしたフラスコを用いた実験により，微生物が自然には発生しないことを主張しました。コッホは炭疽菌や結核菌などの発見者，ジェンナーは天然痘ワクチンを開発した人物です。したがって，正解は③となります。

解答番号【11】：3　　⇒ 重要度B

問2　乳酸菌は細菌の一種です。細菌の大きさは0.3～3μmで光学顕微鏡であれば，かろうじて見ることができるサイズです。しかし，ウイルスは細菌よりもさらに小さく，50分の1程度の大きさであるため，電子顕微鏡でしか見ることができません。したがって，①が正解となります。

解答番号【12】：1　　⇒ 重要度A

問3　①，②，③はいずれも製造の過程でカビを利用しています。ビールは大麦からつくられますが，製造過程では酵母による発酵を利用しており，カビのはたらきは利用していません。したがって，④が正解となります。

解答番号【13】：4　　　⇒ 重要度B

問4　②豆腐をつくるときのにがりなどが考えられます。③インスリンと呼ばれるホルモンのはたらきです。④グルタミン酸ナトリウムなどが該当します。したがって，①が正解となります。

解答番号【14】：1　　　⇒ 重要度A

問5　活性汚泥法とは，好気性微生物に水中の有機物を処理させて汚水を浄化する技術です。①はバイオテクノロジー，③と④はバイオレメディエーションに関する内容です。したがって，正解は②となります。

解答番号【15】：2　　　⇒ 重要度B

7

問1　太陽の中心部において，水素の原子核がヘリウムの原子核に変化する反応を核融合反応といいます。したがって，正解は②となります。

解答番号【16】：2　　　⇒ 重要度A

問2　黒点は，太陽の表面において周囲よりも温度が低くなっており，弱い光のために黒く見える部分です。黒点は太陽の自転にともなって東から西へ移動しますが，裏側を回って再び地球から見える側に出てきても消えておらず，1か月ほど存在する寿命の長いものもあります。一般的に太陽の活動が盛んになると黒点の数は増えるといわれています。したがって，①が正解となります。

解答番号【17】：1　　　⇒ 重要度B

問3　　地球が1秒間に太陽から受け取るエネルギーの総量は，図において半径rの円の面積に太陽定数を乗じた値になります。計算すると$a \times \pi r^2 = a\pi r^2$となります。したがって，正解は④となります。

解答番号【18】：4　　　⇒ 重要度B

問4　水星は太陽系の惑星のうち最も太陽に近い軌道を公転している惑星です。太陽系の惑星の中で大きさも質量も最小で，表面は月に似ており多くのクレーターが存在します。また，地球型惑星の特徴として，中心に金属を含む核があり，その周囲は岩石でおおわれています。したがって，正解は①となります。

解答番号【19】：1　　　⇒ 重要度A

問5　地球の大気に含まれる気体で，温室効果をもつものは水蒸気と二酸化炭素です。温室効果は，地球から放射される熱を吸収することで，大気圏内部の気温を上昇させる現象です。したがって，正解は③となります。

解答番号【20】：3　　　⇒ 重要度A

8

問1　水の循環を引き起こすもとになるのは，太陽から地球に届く太陽放射エネルギーです。地球上の水は，海水や河川の水として常に同じ場所に留まっているのではなく，太陽のエネルギーによって海水や地表面の水が蒸発し，上空で雲になり，やがて雨や雪になって地表面に降り，それが次第に集まり川となって海に至るというように，絶えず循環しています。したがって，正解は④となります。

解答番号【16】：4　　⇒ **重要度A**

問2　岩石が風化する場合，一般に粒子の大きさは小さくなります。風化には大きく分けて2種類あり，岩石の割れ目にしみ込んだ水などが凍ることにより起きる物理的風化と，岩石を構成する鉱物に水がしみ込んで鉱物の性質が変化していくような化学的風化があります。したがって，②が正解となります。

解答番号【17】：2　　⇒ **重要度A**

問3　①川が上流の山間部を流れるときは流れが速いため，侵食作用が強くはたらきV字谷のような地形がつくられます。③川が平野部を流れると流れが遅くなり，堆積作用がはたらいて扇状地などが形成されます。④川の河口部では流れがゆるやかになり，堆積作用によって三角州がつくられます。したがって，正解は②となります。

解答番号【18】：2　　⇒ **重要度A**

問4　図のような地形を砂州といいます。砂州は海岸や湖岸の近くに見られる地形で，流水によって運ばれた砂が波と沿岸流の影響で，細長い形に堆積した地形です。したがって，正解は①となります。

解答番号【19】：1　　⇒ **重要度A**

問5　山間部で大雨が降ると，大量の水が谷底に堆積している土砂や岩石を巻き込んで流れ下り，大きな被害をもたらすことがあります。これを土石流といいます。①は火山の噴火などの火山活動，②と④は地震を原因として発生する災害です。したがって，正解は③となります。

解答番号【20】：3　　⇒ **重要度A**

令和３年度 第１回
高卒認定試験

科学と人間生活

解答時間　50分

1 【選択問題】 1 ・ 2 のどちらか1題， 3 ・ 4 のどちらか1題， 5 ・ 6

のどちらか1題， 7 ・ 8 のどちらか1題の計4題を選んで，解

答する問題番号を記入及びマークした上で，解答すること。5題以

上にわたり解答した場合は採点できないので注意すること。

1 ・ 2 の解答番号は 1 から 5

3 ・ 4 の解答番号は 6 から 10

5 ・ 6 の解答番号は 11 から 15

7 ・ 8 の解答番号は 16 から 20

科 学 と 人 間 生 活

（解答番号 1 ～ 20 ）

【選択問題】（ 1 ・ 2 のどちらか1題を選び解答する）

1 光の性質とその利用について，問1～問5に答えよ。

　図1のように，白色光を水の入った直方体の水槽に斜め上方からスリットを通して，床に置いたスクリーンに当てた。図2は，それを真横から見たようすを表したものである。水面に当たった白色光の一部は水中を通過し，さらに水中から空気中へ進み，床に置いたスクリーンに達した。このときスクリーンに帯状の光が映った。

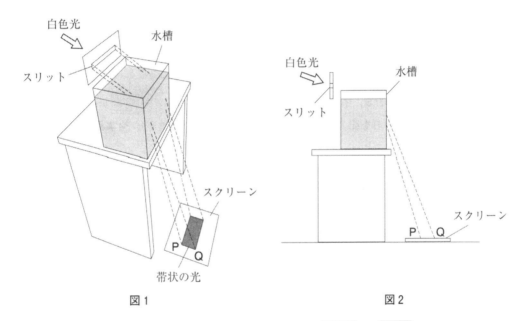

図1　　　　　　　　　　　　　　　　　図2

問1　スクリーンに映った光について説明した次の文中の A ， B に入る語句の組合せとして正しいものを，下の①～④のうちから一つ選べ。解答番号は 1 。

　　光は異なる媒質へ進むとき境界面で屈折する。水槽内の水がプリズムと同じはたらきをし，スクリーンに帯状の光が映った。この帯状の光を A という。 A は，光の波長により屈折率が異なるために，光が B することによって生じる。

	A	B
①	マイクロ波	偏　向
②	マイクロ波	分　散
③	スペクトル	偏　向
④	スペクトル	分　散

問2 図3のように，床に置いたスクリーンにはPからQに帯状の光が映っている。この帯状の光について，PからQの色の順として適切なものを，下の①〜④のうちから一つ選べ。解答番号は 2 。

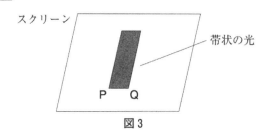

図3

① 青，赤，黄

② 青，黄，赤

③ 赤，青，黄

④ 赤，黄，青

問3 図4のように，床に置いたスクリーンを平面鏡に変えると，光は反射して床と平行な天井に届いた。この光の進み方について説明した次の文中の C ， D に入る語句の組合せとして正しいものを，下の①〜④のうちから一つ選べ。解答番号は 3 。

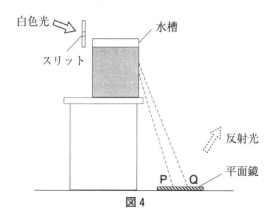

図4

帯状の光のうち，Pで反射する光の反射角は，Qで反射する光の反射角よりも C 。そのため，平面鏡で反射して天井に届いた帯状の光の幅は，図1の帯状の光の幅よりも D なる。

	C	D
①	大きい	広く
②	大きい	狭く
③	小さい	広く
④	小さい	狭く

問4 光の性質について説明した次の文中の E ， F に入る語句の組合せとして正しいものを，下の①〜④のうちから一つ選べ。解答番号は 4 。

太陽光は，大気中の分子などの粒子に衝突すると，あらゆる向きに進んでいく。このような現象を光の E という。太陽光のうち波長の F 青色の光ほど E されやすいので，昼間は空が青く見える。

	E	F
①	散 乱	短 い
②	散 乱	長 い
③	回 折	短 い
④	回 折	長 い

問5 赤外線や紫外線の性質について説明する文として誤っているものを，次の①〜④のうちから一つ選べ。解答番号は 5 。

① 赤外線や紫外線は，電気的・磁気的な振動が伝わる電磁波である。

② 赤外線と紫外線では，紫外線の方が波長は長い。

③ 赤外線は発熱する物体から放射され，熱を伝える性質をもつ。

④ 紫外線は蛍光物質を光らせるはたらきがある。

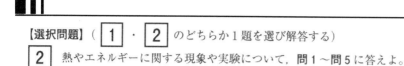

【選択問題】（ 1 ・ 2 のどちらか1題を選び解答する）

2 熱やエネルギーに関する現象や実験について，問1〜問5に答えよ。

　　水を入れた鍋を火にかけたり，ストーブをつけたりすると，温められた水や空気が上昇し，熱が全体に伝わる。このような液体や気体の移動を伴って熱が伝わることを A という。

　　一方で，たき火やストーブの前に立つと，体が温められる。このような電磁波によって熱が伝わることを B という。

問1　文中の A ， B に入る語句の組合せとして正しいものを，次の①〜④のうちから一つ選べ。解答番号は 1 。

	A	B
①	対 流	伝 導
②	対 流	放 射
③	循 環	伝 導
④	循 環	放 射

問2　熱の伝わり方に関する記述として適切でないものを，次の①〜④のうちから一つ選べ。解答番号は 2 。

①　太陽からの電磁波の一部は，大気や地表で吸収されて熱となる。

②　晴れた日の夜間には，地球から宇宙空間に向けて熱が伝わり，気温が下がる。

③　鉄は熱を伝えやすいので，室温の鉄棒に触れると，指先の熱が奪われて冷たく感じる。

④　空気は熱を伝えやすいので，断熱材として空気層を挟んだものが使われる。

同じ質量で異なる材質の板A，板B，板Cがあり，各板の材質は，銀（比熱 0.2），銅（比熱 0.4），ガラス（比熱 0.8）のいずれかである。板Bと板Cの温度は等しく T_0 で，T_0 は板Aの温度 T_A より低かった。

図は，板Bに板Aを接触させた場合（実験Ⅰ）と，板Cに板Aを接触させた場合（実験Ⅱ）とで，どのように板の温度の時間変化が異なるかを比べた実験結果である。実験ⅠまたはⅡにおいて，接触させた2枚の板が達した温度は T_1 または T_2 であり，$T_1 < T_2$ となった。ただし，熱は接触させた2枚の板の間のみで移動するものとする。

令和3年度第1回試験

実験Ⅰ（板Bに板Aを接触させた場合）

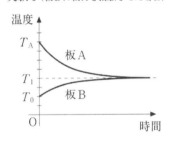

実験Ⅱ（板Cに板Aを接触させた場合）

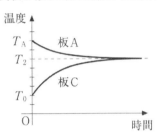

図

問3　この実験を説明する文として**適切でない**ものを，次の①〜④のうちから一つ選べ。

解答番号は　3　。

① 実験Ⅰにおいて，2枚の板は温度 T_1 で熱平衡の状態になった。

② 実験Ⅱにおいて，板Aが失った熱量と板Cが得た熱量は等しい。

③ 実験Ⅱの板Aよりも，実験Ⅰの板Aの方が，より大きな熱量を失った。

④ 実験Ⅰの板Bよりも，実験Ⅱの板Cの方が，より大きな熱量を得た。

問4　板A，板B，板Cの材質の組合せとして最も適切なものを，次の①〜④のうちから一つ選べ。解答番号は　4　。

	板　A	板　B	板　C
①	銅	ガラス	銀
②	銅	銀	ガラス
③	銀	銅	ガラス
④	ガラス	銅	銀

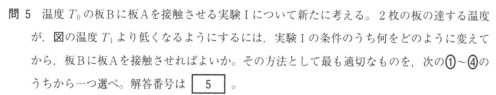

問5　温度 T_0 の板Bに板Aを接触させる実験 I について新たに考える。2枚の板の達する温度が，図の温度 T_1 より低くなるようにするには，実験 I の条件のうち何をどのように変えてから，板Bに板Aを接触させればよいか。その方法として最も適切なものを，次の①～④のうちから一つ選べ。解答番号は　5　。

①　板Aの温度 T_A を，より高くする。

②　板Aを，より比熱の大きい材質の板にする。

③　板Bの質量を，より大きくする。

④　板Bの熱容量を，より小さくする。

【選択問題】（ 3 ・ 4 のどちらか１題を選び解答する）

3 金属について，問１〜問５に答えよ。

問１ 金属の性質に関して説明した次の文中の A ， B に入る語句の組合せとして正しいものを，下の①〜④のうちから一つ選べ。解答番号は 6 。

金属は熱や電気をよく通し，独特の光沢がある。また， A という性質がある。これは金属が B をもつためである。

	A	B
①	展性・延性	陰イオン
②	展性・延性	自由電子
③	熱可塑性	陰イオン
④	熱可塑性	自由電子

問２ 図のように，酸化物を含む鉱石をコークスや石灰石とともに溶鉱炉（高炉）に入れ，熱風を吹き込むことで，ある金属が得られる。この金属として適切なものを，下の①〜④のうちから一つ選べ。解答番号は 7 。

酸化物を含む鉱石
コークス
石灰石

熱風　　　　熱風

スラグ　　　転炉へ

図

① 銅

② アルミニウム

③ 鉄

④ 金

問 3　1円硬貨に使われているアルミニウムに関して説明した次の文中の　C　,　D　に
　　　入る語句の組合せとして正しいものを，下の①〜④のうちから一つ選べ。
　　　解答番号は　8　。

　　　アルミニウムは鉄や銅に比べて密度が　C　く，やわらかい金属であり，飲料用缶など
　　　に使われている。また，同じ質量のアルミニウムを得る場合，アルミナを電気分解するの
　　　と，回収したアルミニウム缶を融かして再利用するのとでは，電気の消費量は　D　の方
　　　が小さい。

	C	D
①	小　さ	電気分解
②	小　さ	再利用
③	大　き	電気分解
④	大　き	再利用

問 4　金色の光沢があり，楽器や5円硬貨に用いられている合金の成分として適切なものを，次
　　　の①〜④のうちから一つ選べ。解答番号は　9　。
　　① 銅，亜鉛
　　② 鉄，クロム，ニッケル
　　③ アルミニウム，銅，マグネシウム，マンガン
　　④ 銅，ニッケル

問 5　金属がさびることを防ぐ方法の一つであるめっきに関する記述として適切なものを，次
　　　の①〜④のうちから一つ選べ。解答番号は　10　。
　　① 表面に金属以外の物質を塗る。
　　② 表面をやすりなどで削る。
　　③ 表面を酸化物などに変える。
　　④ 表面を他の金属でおおう。

令和3年度第1回試験

【選択問題】(③ ・ ④ のどちらか1題を選び解答する)

④ 栄養素について，問1〜問5に答えよ。

問1 私たちの健康の維持に必要な三大栄養素の組合せとして正しいものを，次の①〜④のうちから一つ選べ。解答番号は　6　。

① 炭水化物，タンパク質，無機質

② 油脂(脂質)，タンパク質，ビタミン

③ 油脂(脂質)，無機質，ビタミン

④ 炭水化物，油脂(脂質)，タンパク質

問2 次のア〜ウは，ある栄養素について述べたものである。ア〜ウのすべてに当てはまる栄養素を最も多く含む食品として適切なものを，下の①〜④のうちから一つ選べ。解答番号は　7　。

ア 消化器官で単糖にまで分解されたのち，体内に吸収される。

イ 生命活動のエネルギー源となるほか，グリコーゲンとして体内の器官に蓄えられる。

ウ だ液の中に含まれるアミラーゼにより分解される。

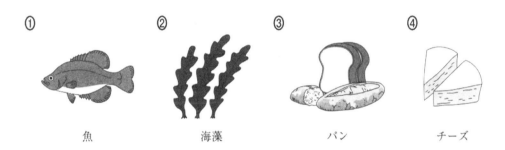

① 魚　　② 海藻　　③ パン　　④ チーズ

令和3年度第1回試験

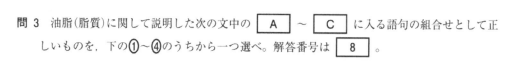

問3 油脂(脂質)に関して説明した次の文中の A ～ C に入る語句の組合せとして正しいものを，下の①～④のうちから一つ選べ。解答番号は 8 。

油脂は，炭素，水素， A の3つの元素からなる化合物で，グリセリンと脂肪酸で構成されている。油脂は消化器官で酵素の B により，モノグリセリド1分子と脂肪酸 C 分子に分解され，体内に吸収される。

	A	B	C
①	窒　素	ペプシン	2
②	酸　素	リパーゼ	2
③	窒　素	リパーゼ	3
④	酸　素	ペプシン	3

問4 タンパク質を含む水溶液に水酸化ナトリウム水溶液を加えたのち，少量の硫酸銅(Ⅱ)水溶液を加えるとある色に変化する。この反応により変化した色として適切なものを，次の①～④のうちから一つ選べ。解答番号は 9 。

① 赤紫色

② 橙黄色

③ 青緑色

④ 黒褐色

問5 栄養素の説明として適切でないものを，次の①～④のうちから一つ選べ。
解答番号は 10 。

① 油脂は，体内に吸収されたのちにエネルギー源となる。

② 炭水化物は，炭素，水素，酸素，窒素の4種類の元素から構成されている。

③ ビタミンには，少量でからだの機能を調節するはたらきがある。

④ タンパク質は，約20種類のアミノ酸から構成されている。

【選択問題】（ ⑤ ・ ⑥ のどちらか1題を選び解答する）

⑤ 生物と光のかかわりについて，問1～問5に答えよ。

　植物の種子の発芽には光が関係しているものがある。光が当たると発芽する種子を 　A 　 種子といい，タバコの種子や 　B 　 の種子が例としてあげられる。

　吸水した脱脂綿を入れたシャーレに 　A 　 種子を入れて，図のア～エの4つの異なる環境条件で，同じ時間実験を行った。その結果，環境条件 　C 　 の種子が発芽した。

ア	暗所			
イ	暗所	赤色光を照射	遠赤色光を照射	暗所
ウ	暗所	赤色光を照射	暗所	
エ	暗所	赤色光を照射	遠赤色光を照射	赤色光を照射	暗所

———————————————→ 時間

図

問1　文中の 　A 　 ， 　B 　 に入る語句や植物の組合せとして正しいものを，次の①～④のうちから一つ選べ。解答番号は 　11 　。

	A	B
①	光発芽	カボチャ
②	光発芽	レタス
③	暗発芽	カボチャ
④	暗発芽	レタス

問2　文中の 　C 　 に入るア～エの組合せとして適切なものを，次の①～④のうちから一つ選べ。解答番号は 　12 　。

① ア，イ

② イ，ウ

③ ア，エ

④ ウ，エ

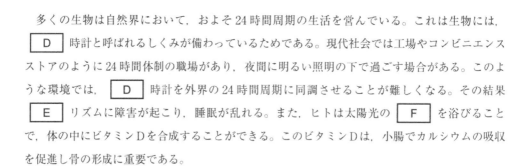

多くの生物は自然界において，およそ24時間周期の生活を営んでいる。これは生物には，[D]時計と呼ばれるしくみが備わっているためである。現代社会では工場やコンビニエンスストアのように24時間体制の職場があり，夜間に明るい照明の下で過ごす場合がある。このような環境では，[D]時計を外界の24時間周期に同調させることが難しくなる。その結果[E]リズムに障害が起こり，睡眠が乱れる。また，ヒトは太陽光の[F]を浴びることで，体の中にビタミンDを合成することができる。このビタミンDは，小腸でカルシウムの吸収を促進し骨の形成に重要である。

問3　文中の[D]，[E]に入る語句の組合せとして正しいものを，次の①～④のうちから一つ選べ。解答番号は[13]。

	D	E
①	生　体	概　日
②	体　内	日　周
③	体　内	概　日
④	生　体	日　周

問4　文中の[F]に入る語句として正しいものを，次の①～④のうちから一つ選べ。解答番号は[14]。

① 赤外線

② 可視光線

③ 紫外線

④ X　線

問5　さまざまな生物と光のかかわりについての記述として**適切でない**ものを，次の①～④のうちから一つ選べ。解答番号は[15]。

① 発芽したダイコンの芽生えに1方向から光をあてると，光の方向に向かって曲がる。この性質を正の光周性という。

② ホタルは暗闇の中で雄と雌が出会うため，求愛シグナルとして体を発光する。

③ 野生動物の中には，短日条件になると交尾行動を始め，1年の限られた時期に繁殖するものもいる。

④ ゴキブリは光から逃げて暗闇に集まる。この性質を負の光走性という。

【選択問題】（ 5 ・ 6 のどちらか1題を選び解答する）

6 微生物に関する研究の歴史や利用などについて，問1～問5に答えよ。

問1 図は，パスツールが行った実験をまとめたものである。この実験によってパスツールが明らかにしたことの説明として最も適切なものを，下の①～④のうちから一つ選べ。解答番号は 11 。

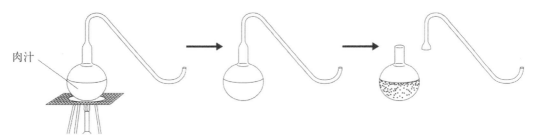

| 肉汁 |
フラスコの口の部分をS字状に曲げて煮沸する。

そのまま放置しても肉汁は腐敗しない。

フラスコの首の部分を切断すると数日後，肉汁が腐敗する。

図

① 微生物は熱に強い。

② 微生物の活動は常温では抑えられる。

③ 微生物は自然発生しない。

④ 微生物の活動には新鮮な空気は必要ない。

問2 アルコール発酵は酵母という微生物によって行われる反応である。酵母について説明した次の文中の A ， B に入る語句の組合せとして正しいものを，下の①～④のうちから一つ選べ。解答番号は 12 。

酵母は A に分類され， B と呼ばれる細胞でできている。

	A	B
①	菌　類	原核細胞
②	細　菌	原核細胞
③	菌　類	真核細胞
④	細　菌	真核細胞

問3 アルコール発酵の説明として適切なものを，次の①～④のうちから一つ選べ。

解答番号は 13 。

① グルコースが合成される反応である。

② エタノールが水に分解される反応である。

③ 反応の過程で二酸化炭素が生成される。

④ 反応の過程で酸素を必要とする。

問4 アルコール発酵を利用してつくられた食品の組合せとして最も適切なものを，次の①～④のうちから一つ選べ。解答番号は 14 。

① 納豆，ビール

② 納豆，ヨーグルト

③ しょうゆ，ヨーグルト

④ パン，ビール

問5 抗生物質は微生物による感染症の治療などに使われている。抗生物質の説明として最も適切なものを，次の①～④のうちから一つ選べ。解答番号は 15 。

① 微生物によって合成される物質で，他の微生物の成長を抑えるはたらきがある。

② 植物から抽出される物質で，微生物の成長を抑えるはたらきがある。

③ 微生物によって合成される物質で，ヒトの免疫力を高めるはたらきがある。

④ 植物から抽出される物質で，ヒトの免疫力を高めるはたらきがある。

【選択問題】（ 7 ・ 8 のどちらか1題を選び解答する）

7 　地震とそれに伴う災害について，問1〜問5に答えよ。

問1 　日本の地震の震度階級についての説明として適切なものを，次の①〜④のうちから一つ選べ。解答番号は　16　。
① 　震度1から7までの7段階である。
② 　震度0から7までの8段階である。
③ 　震度1から7までの9段階である。
④ 　震度0から7までの10段階である。

問2 　**写真1**は1995年1月の兵庫県南部地震の結果，地表に表れた亀裂である。このような亀裂は日本に多く分布し，今後も地震を引き起こす可能性を秘めている。この名称として適切なものを，下の①〜④のうちから一つ選べ。解答番号は　17　。

写真1

① 　中央海嶺
② 　活断層
③ 　ホットスポット
④ 　トラフ

問 3 日本付近で発生する地震について説明した次の文中の A ， B に入る語句や文の組合せとして最も適切なものを，下の①～④のうちから一つ選べ。解答番号は 18 。

　　日本列島付近では，海洋プレートが大陸プレートの下に沈み込んでいる。海溝沿いで起こる地震は A と呼ばれ，マグニチュードが大きいと津波が発生することがある。一方，大陸プレートの内部で起こる地震は一般に B 。

	A	B
①	内陸地殻内地震	震源が浅い場合，震央の震度は大きくなる
②	内陸地殻内地震	マグニチュードが小さいので，被害も少ない
③	プレート境界型地震	震源が浅い場合，震央の震度は大きくなる
④	プレート境界型地震	マグニチュードが小さいので，被害も少ない

問 4 2011 年 3 月に起きた東北地方太平洋沖地震では，津波により多くの被害が発生した。津波の説明として最も適切なものを，次の①～④のうちから一つ選べ。解答番号は 19 。

① 海底の急激な隆起や沈降によって起こる。

② 沖ではゆっくり伝わり，陸に近づくほど速く伝わる。

③ 湾の奥の方では，波高が低くなる傾向にある。

④ 震度 4 以上の地震では必ず津波が発生する。

問 5 地震が発生すると液状化が起こることがある。**写真 2** は 1964 年 6 月の新潟地震での液状化で建物が倒壊した様子である。液状化についての説明として**適切でないもの**を，下の①～④のうちから一つ選べ。解答番号は 20 。

写真 2

① 川や海の近くでは起こりやすい。

② 砂が地下水とともに吹き出すことがある。

③ 土砂が時速 20 ～ 40 km の速さで流れる。

④ 地震動によって砂の粒子の結合がゆるみ，砂が流動することで起こる。

【選択問題】(　7　・　8　のどちらか1題を選び解答する)

8 太陽と太陽系の惑星について，問1〜問5に答えよ。

問1 望遠鏡と投影板を使った太陽の表面の観察について述べた文として適切でないものを，次の①〜④のうちから一つ選べ。解答番号は　16　。

① 投影板に映る太陽の像が中心になるように，望遠鏡をのぞきながら太陽を導入する。

② 太陽を導入後，投影板に映る像のピントを合わせる。

③ 太陽の像とスケッチ用紙の円が一致するように，投影板を前後に動かし調節する。

④ 太陽の表面の様子を記録し，観察した日時や使用した望遠鏡なども記録する。

問2 写真は，望遠鏡に特殊なフィルターを装着して撮影したときの太陽の画像である。太陽の表面にみられる黒い部分(写真の○で囲まれた部分)の名称として正しいものを，下の①〜④のうちから一つ選べ。解答番号は　17　。

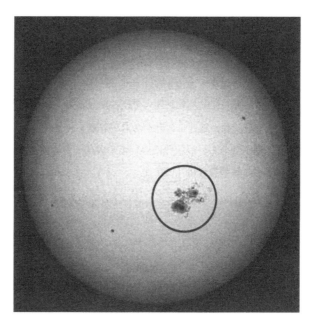

写真　　　　　(国立天文台ホームページより)

① 黄　点

② 黒　点

③ 白　斑

④ 大赤斑

令和3年度第1回試験

問3 太陽について説明した次の文中の A, B に入る語句の組合せとして正しいものを，下の①~④のうちから一つ選べ。解答番号は 18 。

太陽は，太陽系の中心となる天体で，太陽系全体の質量の約 A ％を占めている。また，太陽の密度は $1.4\,g/cm^3$，地球の密度は $5.5\,g/cm^3$ であり，太陽の直径は地球の直径の約 109 倍であるから，太陽の質量は地球の質量の約 B 倍である。

	A	B
①	49.9	33 万
②	49.9	100 万
③	99.8	100 万
④	99.8	33 万

問4 地球をはじめとする太陽系の惑星について述べた文として適切なものを，次の①~④のうちから一つ選べ。解答番号は 19 。

① すべての惑星の内部は，岩石のみでできている。

② すべての惑星の大気の主成分は，二酸化炭素，窒素，酸素である。

③ 木星型惑星の衛星数と地球型惑星の衛星数は，ほぼ同じである。

④ 木星型惑星の自転周期は，地球型惑星の自転周期より短い。

問5 太陽から放出されたエネルギーを太陽放射という。また，地表や大気が宇宙に放出するエネルギーを地球放射という。この太陽放射や地球放射の特徴やはたらきについて述べた文として適切でないものを，次の①~④のうちから一つ選べ。解答番号は 20 。

① 太陽は，可視光線，赤外線，紫外線などの電磁波を放射している。

② 地球放射は，地表や大気から赤外線として放出されるエネルギーである。

③ 地球の大気圏の最上面に届くエネルギー量と地表近くに届くエネルギー量は同じである。

④ 地表から放出された地球放射は，大気を温めることで温室効果をもたらす。

令和3年度 第1回

解答・解説

📖 **令和３年度　第１回　高卒認定試験**

―――――――――――――― 【　解　答　】 ――――――――――――――

1	解答番号	正答	配点	2	解答番号	正答	配点	3	解答番号	正答	配点	4	解答番号	正答	配点
問1	1	④	5	問1	1	②	5	問1	6	②	5	問1	6	④	5
問2	2	②	5	問2	2	④	5	問2	7	③	5	問2	7	③	5
問3	3	③	5	問3	3	④	5	問3	8	③	5	問3	8	②	5
問4	4	①	5	問4	4	①	5	問4	9	①	5	問4	9	①	5
問5	5	②	5	問5	5	③	5	問5	10	④	5	問5	10	②	5

5	解答番号	正答	配点	6	解答番号	正答	配点	7	解答番号	正答	配点	8	解答番号	正答	配点
問1	11	②	5	問1	11	③	5	問1	16	④	5	問1	16	①	5
問2	12	④	5	問2	12	③	5	問2	17	②	5	問2	17	②	5
問3	13	③	5	問3	13	③	5	問3	18	②	5	問3	18	④	5
問4	14	③	5	問4	14	④	5	問4	19	③	5	問4	19	④	5
問5	15	①	5	問5	15	①	5	問5	20	③	5	問5	20	③	5

―――――――――――――― 【　解　説　】 ――――――――――――――

1

問1　白色光にはさまざまな波長をもついろいろな光が含まれています。この光が異なる媒質を通過するとき境界面で屈折しますが，光の波長により屈折率が異なっているためいろいろな色の光が分散してスクリーンに映し出されます。これをスペクトルといいます。したがって，正解は④となります。

解答番号【1】：4　⇒ **重要度A**

問2　波長の短い青色の光は屈折率が高く，当初の光の進行方向に対して大きく曲がります。一方，波長の長い赤色の光は青色の光に較べて屈折率が低いため曲がり方が小さくなります。図３において，大きく曲がった光はP，曲がり方の小さい光はQに到達しています。PからQへの色の順としては，青，黄，赤となります。したがって，正解は②になります。

解答番号【2】：2　⇒ **重要度B**

問3　平面鏡で反射される光は入射角と反射角が等しくなります。入射角と反射角は，それぞれの光の進行方向と境界面（平面鏡）における垂線との角度で定義されます。図４よりPの入射角はQの入射角よりも小さくなっているため，それぞれの反射角はP＜Qと

なります（図4においてP，Qの位置に平面鏡に対する垂線を入れてみると，この垂線と光の進行方向のなす角が入射角，反射角となる）。このため平面鏡で反射された図1の帯状の光は天井に到達すると，PQの間隔よりも光の幅が広くなります。したがって，正解は③となります。

解答番号【3】：3　　⇒ **重要度B**

問4　太陽光が大気中の分子などの粒子に衝突すると，あらゆる向きに進んでいきますが，これを光の散乱といいます。太陽光のなかに含まれる可視光線のうち青色の光は波長が短く散乱されやすいため，昼間は空が青く見えます。したがって，正解は①となります。

解答番号【4】：1　　⇒ **重要度B**

問5　太陽から地球にやってくる電磁波には，可視光線のほかにも目で見ることができない赤外線や紫外線などがあります。赤外線と紫外線では，紫外線の方の波長が短くなります。したがって，正解は②となります。

解答番号【5】：2　　⇒ **重要度A**

2

問1　熱は放射・伝導・対流という3つの伝わり方があります。放射は熱が電磁波の状態で離れたところに伝わる現象です。伝導はモノとモノが接触したときに，接触面から熱が伝わる現象です。また，対流は熱をもつ液体や気体が動くことで熱が伝わる現象です。したがって，正解は②となります。

解答番号【1】：2　　⇒ **重要度A**

問2　熱の伝わりやすさを表した値を熱伝導率といい，この値が大きいほど熱の伝わりが良いということになります。熱伝導率は物質の状態によっても異なり，気体＜液体＜固体の順で大きくなります。空気のような気体は熱伝導率が低く熱を伝えにくい性質をもちますが，断熱材はこの空気を内部で保持することによって断熱性能を発揮します。しかし，内部の密度が低いと，保持した空気が対流によって移動してしまい，断熱性能が低下します。繊維系の断熱材では内部に高密度の繊維を用いることで，繊維のすき間に空気を保持し，断熱性能を確保しています。したがって，④が正解となります。

解答番号【2】：4　　⇒ **重要度B**

問3　物体から物体へ熱が移動して温度変化が生じる場合，物体の温度が下がったときに失われた熱量と物体の温度が上昇したときに得られた熱量は等しくなります（熱量保存の法則）。また，比熱とは物質1gの温度を1度上昇させるのに必要な熱量のことです。実験Ⅰでは板Aは4度ほど温度が下がり，板Bでは2度ほど温度が上昇しています。しかし，このとき板Aが失った熱量と板Bが得た熱量は等しくなるので，2つの板の比熱の大きさは板A＜板Bとなります。同様に実験Ⅱでは板Aが2度ほど下がっているのに対して，板Cは4度ほど上昇しているので，比熱の大きさは板A＞板Cとなります。つまり比熱の大きさは板B＞板A＞板Cの順になります。銀の比熱は0.2，銅の比熱は0.4，ガラスの比熱は0.8となっているので，板Aが銅，板Bがガラス，板Cが銀となります。どの板

も同じ質量になるので，実験Ⅰで板Bが得た熱量は $0.8 \times 2 = 1.6$ となります。一方，実験Ⅱで板Cが得た熱量は $0.2 \times 4 = 0.8$ となり，板Bの方が板Cよりも大きな熱量を得ていることがわかります。したがって，正解は④となります。

解答番号【3】：4　　⇒ **重要度B**

問4　問3の説明より，比熱の大きさは板B＞板A＞板Cとなります。銀の比熱は 0.2，銅の比熱は 0.4，ガラスの比熱は 0.8 となっているので，板Aが銅，板Bがガラス，板Cが銀となります。したがって，正解は①となります。

解答番号【4】：1　　⇒ **重要度B**

問5　物体の温度を1度上げるのに必要な熱量のことを熱容量といい，物体の質量×温度変化×比熱で表されます。実験Ⅰでは熱平衡における温度が T_1 となっていますが，これを低くすれば板Bの温度変化がその分小さくなり，板Aの方は温度変化が大きくなります。比熱の大きさは変わらないので，板Aが失った熱量と板Bが得た熱量を等しくするためには板Bの質量をより大きくする必要があります。したがって，正解は③となります。

解答番号【5】：3　　⇒ **重要度B**

3

問1　金属には展性と延性という性質があり，自由電子によって結晶構造を保ちながら，自在に形を変えることがきます。金属結合では電子は自由電子となり，原子核の間を自由に動いています。強い力により原子の位置関係が変わっても，ずれた形で原子間のクーロン力により強い結合が維持されます。展性は圧縮する力によって金属を薄く平面的に広げられる性質です。また，延性は引っ張る力により金属を変形させる性質で，のばしたり曲げたりすることができます。したがって，正解は②となります。

解答番号【6】：2　　⇒ **重要度A**

問2　酸化鉄である鉄鉱石をコークスや石灰石とともに溶鉱炉で燃焼させると，コークスから発生する一酸化炭素が酸化鉄を還元して銑鉄が得られます。銑鉄は転炉に送られ，炭素などの不純物を取り除く製鋼が行われます。したがって，正解は③となります。

解答番号【7】：3　　⇒ **重要度A**

問3　アルミニウムの密度は 2.7g/cm^3 で，鉄や銅に比べて密度が小さい軽量の金属です。また，アルミニウムの再利用に必要なエネルギーは，ボーキサイトからアルミニウムを精製するのに必要なエネルギーの3％だけになります。したがって，正解は②となります。

解答番号【8】：2　　⇒ **重要度A**

問4　金属の光沢があり，楽器や5円硬貨に用いられているのは黄銅です。黄銅は銅と亜鉛の合金になります。②はステンレス鋼と呼ばれる鉄の合金，③はジュラルミンと呼ばれるアルミニウム合金，④は白銅と呼ばれる銅の合金で100円硬貨などに利用されています。したがって，正解は①となります。

解答番号【9】：1　　⇒ 重要度B

問5　めっきとは，表面を他の金属でおおう防錆処理の一種です。鉄に亜鉛をめっきしたトタンや鉄にスズをめっきしたブリキなどが知られています。したがって，④が正解となります。

解答番号【10】：4　　⇒ 重要度A

4

問1　食物中に含まれる身体に必須の成分のうち，炭水化物，油脂（脂質），タンパク質が三大栄養素になります。ビタミンは三大栄養素ではありませんが，人体の機能を正常に保つために必要な有機化合物です。したがって，④が正解となります。

解答番号【6】：4　　⇒ 重要度A

問2　ア～ウに当てはまる栄養素は炭水化物です。炭水化物を多く含む食品としてはパンなどの穀類が挙げられます。①はタンパク質，②はミネラル，④は脂質を多く含む食品となります。したがって，③が正解となります。

解答番号【7】：3　　⇒ 重要度A

問3　油脂は，炭素，水素，酸素の3つの元素からなる化合物です。油脂はすい臓から分泌されるリパーゼにより，モノグリセリド1分子と脂肪酸2分子に分解され，体内に吸収されます。したがって，②が正解となります。

解答番号【8】：2　　⇒ 重要度B

問4　タンパク質を含む水溶液に水酸化ナトリウム水溶液を加えたのち，少量の硫酸銅（Ⅱ）水溶液を加えると，赤紫色に呈色します。この反応をビウレット反応といい，タンパク質がペプチド結合を多く含むほど強く呈色します。したがって，正解は①となります。

解答番号【9】：1　　⇒ 重要度A

問5　炭水化物は単糖を構成成分とする有機化合物であり，炭素，水素，酸素を含みますが，窒素は含まれません。タンパク質を構成するアミノ酸などには窒素が含まれます。したがって，正解は②となります。

解答番号【10】：2　　⇒ 重要度A

5

問1　光が当たると発芽する種子を光発芽種子といい，タバコやレタスの種子などが例として挙げられます。カボチャの種子は暗発芽種子と呼ばれ，光が当たると発芽が抑制され暗所で発芽します。したがって，正解は②となります。

解答番号【11】：2　　⇒ 重要度C

問2 光発芽のしくみは，発芽に必要な水，酸素，温度の条件がそろっていても，暗黒下では発芽せず，波長がおよそ650～680nmの赤色光によって発芽が誘導されます。しかし，波長がおよそ710～740nmの遠赤色光では逆に発芽が抑制されるため，これら2つの波長域の光がいずれもシグナルとして機能し，最後に照射された光によって発芽するかしないかが決まります。図において最後に赤色光が当たっているのはウとエになります。したがって，④が正解となります。

　　　解答番号【12】：4　　⇒ **重要度C**

問3 多くの生物は自然界において，およそ24時間周期の生活を営んでおり，昼と夜ではその行動パターンに変化が見られます。これは生物に体内時計と呼ばれるしくみが備わっていることによります。現代社会のように夜間に明るい照明の下で過ごす場合があると，体内時計を外界の24時間周期に同調させることが難しくなり，睡眠・覚醒リズムのような概日リズムに障害が起こります。したがって，正解は③となります。

　　　解答番号【13】：3　　⇒ **重要度A**

問4 ヒトは太陽光に含まれる紫外線を浴びることで，体内でビタミンDを生成します。したがって，正解は③となります。

　　　解答番号【14】：3　　⇒ **重要度B**

問5 光の入射方向によって，植物などの成長方向が変化する性質のことを光屈性といいます。植物の成長を促す植物ホルモンは，植物の地上部においては光の陰になる部分に移動する性質があります。これによって日陰側の成長が促進され光の当たる方向に曲がることになります。光の方向に向かう性質を正の光屈性と言います。光周性とは光の当たらない時間の長さにより，植物の開花時期が調節される性質です。したがって，①が正解となります。

　　　解答番号【15】：1　　⇒ **重要度A**

6

問1 パスツールの実験は，微生物が自然発生しないことをこの実験で説明しました。フラスコの首の部分を切断して数日後に肉汁が腐敗したことから，微生物はすべて外界から混入してきたものと主張しました。したがって，正解は③となります。

　　　解答番号【11】：3　　⇒ **重要度B**

問2 酵母はカビやキノコなどの菌類に分類される微生物です。丸い核のある真核細胞をもつ単細胞の微生物で，糖を分解してエタノールと二酸化炭素を生成するアルコール発酵を行います。したがって，③が正解となります。

　　　解答番号【12】：3　　⇒ **重要度A**

問3 アルコール発酵は，グルコースなどの糖を分解し，エタノールを生成する反応です。

エタノールの生成過程で二酸化炭素が発生しますが，酸素を必要としない嫌気的な反応になります。したがって，③が正解となります。

解答番号【13】：3　　⇒重要度A

問4　アルコール発酵を利用してつくられる食品には，パンやビールがあります。納豆は大豆を納豆菌によって発酵させた食品です。しょうゆも穀物の発酵によりつくられますが，納豆と同様にアルコール発酵ではありません。また，ヨーグルトは乳酸菌による乳酸発酵によりつくられます。したがって，④が正解となります。

解答番号【14】：4　　⇒重要度A

問5　ペニシリンやストレプトマイシンなどは抗生物質と呼ばれ，微生物の発育を阻害する効果があります。この抗生物質は微生物によってつくられ，他の微生物の成長を抑えるはたらきがあります。したがって，正解は①となります。

解答番号【15】：1　　⇒重要度B

7

問1　日本の地震の震度階級は，現在，0から7までの10段階になります。震度5と震度6はいずれも強弱が付いて2段階に分けられています。したがって，正解は④となります。

解答番号【16】：4　　⇒重要度A

問2　写真1のような地層面のズレを活断層といいます。中央海嶺は海洋プレートがつくられ海洋底の拡大をもたらす大規模な海底山脈のことです。ホットスポットはマントル内の上昇流がプレートを突き抜けて地表に現れた火山活動地帯です。トラフとは海溝より浅くて幅の広い，比較的緩やかな斜面をもつ海底の凹地のことです。したがって，②が正解となります。

解答番号【17】：2　　⇒重要度A

問3　　日本列島付近では，海洋プレートが大陸プレートの下に沈み込んでおり，そこが海溝となっています。海溝沿いで起こる地震はプレート境界型地震と呼ばれ，大きな規模の地震では津波が発生することがあります。また，大陸プレートの内部で起こる地震は，内陸地殻内地震と呼ばれ，震源が浅い場合，震央の震度が大きくなるため被害をもたらすこともあります。したがって，正解は③となります。

解答番号【18】：3　　⇒重要度A

問4　津波は，地震によって起こる海底の急激な隆起や沈降がもたらすエネルギーが海水に伝わって大きな水圧を発生させます。津波は深い海ほど速く進み，浅いところでは速度が遅くなります。また，沖では波高が低く，湾に近づくほど波高が高くなる特徴があります。したがって，正解は①となります。

解答番号【19】：1　　⇒重要度B

問5　液状化は川や海の近くの土地で，地震動により砂の粒子の結合がゆるみ，砂が流動することで起こります。流動化により建物が沈み込んだり，砂が地下水とともに吹き出したりすることがありますが，土砂が高速で流れるようなことはありません。したがって，正解は③となります。

解答番号【20】：3　⇒ 重要度B

8

問1　昼間に太陽を天体観測用の望遠鏡で観察するときに用いられるのが投影板です。投影板は望遠鏡の接眼レンズと一定の距離をおいて取り付けます。投影板に映る像のピントを合わせ，太陽の像とスケッチ用紙の円が一致するように投影板を動かし，接眼レンズとの距離を調節します。こうして観察を行い，太陽の様子を記録し，観察した日時や使用した望遠鏡なども記録します。しかし，太陽を直接望遠鏡でのぞくと失明の危険があるので，決して直接見ないようファインダーにはあらかじめフタを付けておきます。したがって，正解は①となります。

解答番号【16】：1　⇒ 重要度C

問2　太陽の表面に見られる黒い部分は，黒点と呼ばれ周囲よりも温度が低くなっています。黒点の位置は太陽の自転にともなって，東から西へ移動します。したがって，②が正解となります。

解答番号【17】：2　⇒ 重要度A

問3　太陽は，太陽系全体の質量の約99.8％を占めています。太陽と地球の密度を比べると地球の方が大きく約3.9倍になります（5.5÷1.4）。直径は太陽が地球の約109倍になるので，太陽の質量は地球の約33万倍になります（$109^3 ÷ 3.9$）。したがって，正解は④となります。

解答番号【18】：4　⇒ 重要度B

問4　惑星には地球型惑星と木星型惑星の2つのタイプがあり，木星型惑星は主成分がガスで構成されているので①は不適切となります。また，惑星の大気の主成分は惑星によって異なっています。たとえば，地球の大気には二酸化炭素，窒素，酸素などが含まれますが，金星の大気はほとんどが二酸化炭素です。つまり，②も不適切となります。また，木星型惑星は地球型惑星に比べて衛星の数が多いので，③も不適切です。したがって，正解は④となります。

解答番号【19】：4　⇒ 重要度A

問5　太陽放射から地球が受け取るエネルギーについて考えると，地球に届いた太陽放射はまず22％ほどが大気や雲などによって反射されます。さらに大気や雲によって20％程度が吸収されるので，地表近くに届くエネルギー量は大気圏の最上面に届くエネルギー量に比べて少なくなります。したがって，正解は③となります。

解答番号【20】：3　⇒ 重要度A

令和２年度 第２回
高卒認定試験

科学と人間生活

注　意　事　項（抜粋）

＊　試験開始の合図前に，監督者の指示に従って，解答用紙の該当欄に以下の内容
をそれぞれ正しく記入し，マークすること。
①氏名欄
氏名を記入すること。
②受験番号，③生年月日，④受験地欄
受験番号，生年月日を記入し，さらにマーク欄に受験番号（数字），生年月日（年
号・数字），受験地をマークすること。
＊　受験番号，生年月日，受験地が正しくマークされていない場合は，採点できな
いことがある。
＊　解答は，解答用紙の解答欄にマークすること。例えば， 10 と表示のある解

答番号に対して②と解答する場合は，次の（例）のように**解答番号 10 の解答欄の**
②にマークすること。

（例）

解答番号	解　答　欄
10	① ② ③ ④ ⑤ ⑥ ⑦ ⑧ ⑨ ⓪

1 【選択問題】 1 ・ 2 のどちらか1題， 3 ・ 4 のどちらか1題， 5 ・ 6
のどちらか1題， 7 ・ 8 のどちらか1題の計4題を選んで，解
答する問題番号を記入及びマークした上で，解答すること。5題以
上にわたり解答した場合は採点できないので注意すること。

1 ・ 2 の解答番号は 1 から 5
3 ・ 4 の解答番号は 6 から 10
5 ・ 6 の解答番号は 11 から 15
7 ・ 8 の解答番号は 16 から 20

科 学 と 人 間 生 活

（解答番号 $\boxed{1}$ ～ $\boxed{20}$ ）

【選択問題】（ $\boxed{1}$ ・ $\boxed{2}$ のどちらか1題を選び解答する）

$\boxed{1}$ 光の性質について，問1～問5に答えよ。

図1のように円形の水槽に半分だけ水を満たし，Pの位置から水槽に向けて，レーザー光を入射させる実験をおこなった。図2および図3は水槽を正面から見たときのものである。レーザー光はPから円の中心Oを通るように入射させた。表に物質の屈折率を示す。

表

物　質	屈折率
水	1.3
空　気	1.0
食用油	1.5

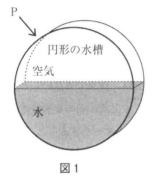

図1

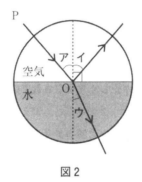

図2

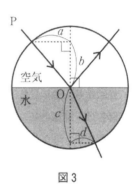

図3

問1 図2のア～ウの角度の名称の組合せとして正しいものを，次の①～④のうちから一つ選べ。解答番号は $\boxed{1}$ 。

	ア	イ	ウ
①	入射角	反射角	屈折角
②	入射角	屈折角	反射角
③	反射角	入射角	屈折角
④	反射角	屈折角	入射角

問2 図3の $a \sim d$ のいずれかを用いて空気に対する水の屈折率を表すとき，正しいものを，次の①〜④のうちから一つ選べ。解答番号は ☐ 2 。

① $\dfrac{d}{a}$ ② $\dfrac{a}{d}$ ③ $\dfrac{c}{b}$ ④ $\dfrac{b}{c}$

問3 図4のように，Qの位置から円の中心Oを通るようにレーザー光を入射したところ，光の一部は屈折し，残りは反射した。下の文章中の ア ， イ に当てはまる語句等の組合せとして正しいものを，下の①〜④のうちから一つ選べ。解答番号は ☐ 3 。

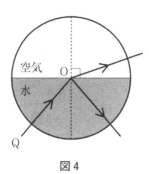

図4

    Qの位置から入射角を大きくしていくと，やがて屈折角が ア になる。そのときの入射角を臨界角という。入射角が臨界角よりも大きくなると，光は境界面ですべて反射される。この現象を イ という。

	ア	イ
①	180°	全反射
②	180°	乱反射
③	90°	全反射
④	90°	乱反射

問 4　図5のように水槽に同じ体積の水と食用油を注ぎ込み，位置Rから円の中心Oを通るように レーザー光を入射した。光の道筋として最も適切なものを，下の①〜④のうちから一つ選べ。解答番号は　4　。

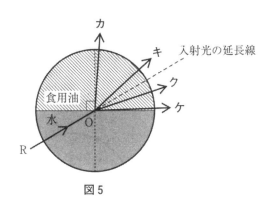

図 5

①　カ　　　　　②　キ　　　　　③　ク　　　　　④　ケ

問 5　食用油をすべて抜き取り，図6のように水槽に水を満たし，牛乳を1滴加えて少し濁らせた。白色光を水槽の左側から入射し，水槽の水を通してスクリーンに投影すると，赤みがかった色が観測された。この理由を説明する文として最も適切なものを，下の①〜④のうちから一つ選べ。解答番号は　5　。

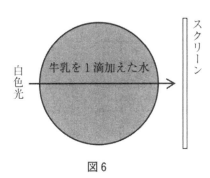

図 6

①　干渉により，他の色に比べて赤色の光が強まったため。

②　回折により，他の色に比べて赤色の光が強まったため。

③　分光により，赤色の光のみが直進したため。

④　散乱されにくい赤色の光が多く通過したため。

【選択問題】（ $\boxed{1}$ ・ $\boxed{2}$ のどちらか1題を選び解答する）

$\boxed{2}$ 熱について，問1〜問5に答えよ。

問1 温度計で室温を測定するとセルシウス温度（セ氏温度）は 17℃ であった。これを絶対温度に変換したときの値として適切なものを，次の①〜④のうちから一つ選べ。

解答番号は $\boxed{1}$ 。

① 0 K

② 17 K

③ 290 K

④ 300 K

問2 図1のように，アルミホイルで全体を覆ったペットボトルA，気泡緩衝材（図2）で全体を覆ったペットボトルB，何も覆ってないペットボトルCを用意した。それらのペットボトルに同じ温度のお湯を同じ量をそそいで，それぞれのペットボトルの中のお湯の温度変化を測定した。下の文章の $\boxed{ア}$ ， $\boxed{イ}$ ， $\boxed{ウ}$ に入る語句の組合せとして適切なものを，下の①〜④のうちから一つ選べ。解答番号は $\boxed{2}$ 。

図1

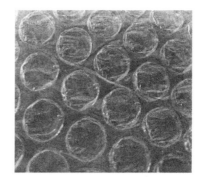

図2

ペットボトルAのお湯とペットボトルBのお湯に比べ，ペットボトルCのお湯の温度は早く下がってしまった。その理由は，アルミホイルには熱の $\boxed{ア}$ を防ぐ効果があり，気泡緩衝材には熱の $\boxed{イ}$ を防ぐ効果があり，外部への放熱を減らしているからである。

また，アルミホイルと気泡緩衝材の両方で覆うことにより断熱の効果は $\boxed{ウ}$ 。

	$\boxed{ア}$	$\boxed{イ}$	$\boxed{ウ}$
①	放 射	対 流	下がる
②	放 射	伝 導	上がる
③	対 流	伝 導	下がる
④	対 流	放 射	上がる

問3 図3のように，同じ大きさと厚さで同じ温度のプラスチック板と鉄板の上に同じ大きさの氷を置いた。氷が溶ける様子を説明した下の文章の　エ　，　オ　に入る語句の組合せとして適切なものを，下の①～④のうちから一つ選べ。解答番号は　3　。

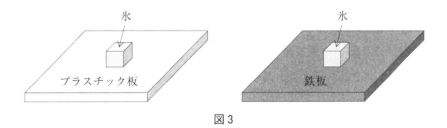

図3

　エ　板のほうが熱が伝わり　オ　ので，氷が早く溶けてしまう。

	エ	オ
①	プラスチック	やすい
②	プラスチック	にくい
③	鉄	やすい
④	鉄	にくい

問4 図4のように，小さいプラスチック製のキャップ付き容器に80℃のお湯を20g入れてふたをし，これを20℃の水100gが入ったビーカーに入れた。熱平衡の状態になったときの温度として適切なものを，下の①～④のうちから一つ選べ。ただし，熱のやりとりはお湯と水の間のみで行われるものとする。解答番号は　4　。

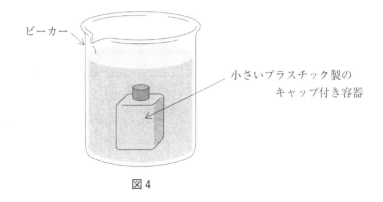

図4

① 30℃

② 40℃

③ 50℃

④ 60℃

問5 小さいプラスチック製のキャップ付き容器aと容器bのそれぞれに，80℃のお湯を入れてふたをした。図5のように，aを20℃の水が入ったビーカーに沈め，bは気温20℃の室内に糸でつるし10分間容器内のお湯の温度を測定した。この2つのお湯の温度と時間の関係を表したグラフとして適切なものを，下の①～④のうちから一つ選べ。ただし，熱は空気中へ放熱されるものとする。なお，グラフではaの温度変化を実線(―)，bの温度変化を破線(---)で表した。解答番号は 5 。

図5

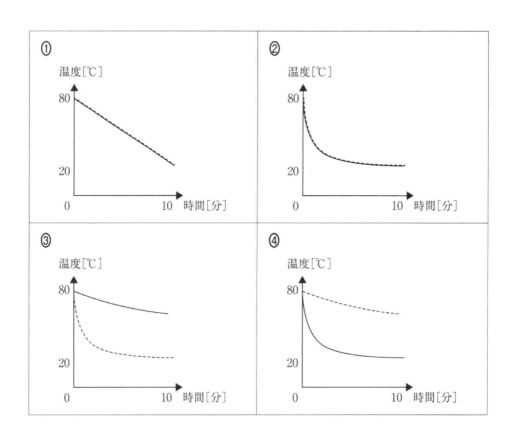

【選択問題】（ 3 ・ 4 のどちらか1題を選び解答する）

3 金属について，問1〜問5に答えよ。

問1 くじゃく石の粉末と活性炭（炭素の粉末）をよく混ぜ合わせて磁製るつぼに入れ，図のよう
に強熱した。しばらくして磁製るつぼの内容物を確認すると，金属である銅が得られた。粉
末にしたくじゃく石の代わりに酸化銅(Ⅱ)の粉末を用いても同様の結果が得られた。この実
験に使用したくじゃく石の主成分または酸化銅(Ⅱ)，活性炭，取り出した銅を，単体と化合
物に分類した。正しい組合せを，下の①〜④のうちから一つ選べ。解答番号は 6 。

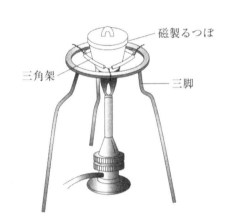

くじゃく石
（緑色の美しい鉱物）

図

	くじゃく石の主成分または酸化銅(Ⅱ)	活性炭（炭素の粉末）	銅
①	化合物	化合物	化合物
②	単 体	単 体	化合物
③	単 体	化合物	単 体
④	化合物	単 体	単 体

問2 問1の実験のように，鉱石から金属の単体を取り出すことを何というか。正しいものを，
次の①〜④のうちから一つ選べ。解答番号は 7 。

① 中 和

② 製 錬

③ 酸 化

④ 析 出

問３　金属の特徴について述べた文として正しいものを，次の①〜④のうちから一つ選べ。

解答番号は　8　。

① 表面が滑らかで特有の光沢をもつ。

② 展性，延性をもたない。

③ 電気は伝えやすいが，熱は伝えにくい。

④ 陰イオンになりやすい。

問４　金属結合について述べた文として正しいものを，次の①〜④のうちから一つ選べ。

解答番号は　9　。

① 陽イオンと陰イオンが静電気力で結合する。

② 価電子を共有することで結合する。

③ 自由電子のはたらきによる結合である。

④ 分子にはたらく引力による結合である。

問５　金属の性質とその主な用途について述べた文として誤っているものを，次の①〜④のうち

から一つ選べ。解答番号は　10　。

① 鉄は硬くて丈夫である。構造材や刃物などに使われる。

② 銅は銀白色で硬い。流し台や装飾品などに使われる。

③ 黄銅は，銅と亜鉛の合金である。金管楽器や５円硬貨などに使われる。

④ アルミニウムは銀白色で軽い。１円硬貨や窓枠(サッシ)などに使われる。

【選択問題】（ 3 ・ 4 のどちらか1題を選び解答する）

4 食物に含まれる栄養素について，問1～問5に答えよ。

問1 次の文の下線部のうち誤っているものを，下の①～④のうちから一つ選べ。
解答番号は 6 。

アミノ酸はアミノ基（−NH₂）とカルボキシ基（−COOH）をもつ。アミノ酸分子が互いに結合するときは，アミノ基とカルボキシ基の間で水分子が取れてつながる。このような反応を酸化といい，アミノ酸からタンパク質が合成される場合は特にペプチド結合と呼ぶ。ヒトが体内でつくり出せなかったり，つくり出せても微量だったりするアミノ酸を必須アミノ酸という。

① カルボキシ基（−COOH）
  (a)
② 酸化
  (b)
③ ペプチド結合
  (c)
④ 必須アミノ酸
  (d)

問2 栄養素のひとつであるビタミンについて述べた文として正しいものを，次の①～④のうちから一つ選べ。解答番号は 7 。
① ヒトの体内ではほとんど合成することができない。
② 毎日多量に摂取する必要がある。
③ 現在知られているビタミンは1種類である。
④ 細胞膜の主成分として使われている。

問3 炭水化物の一種であるグルコースについて述べた文として正しいものを，次の①～④のうちから一つ選べ。解答番号は 8 。
① 筋肉や皮膚などの組織や酵素などをつくる。
② 生命活動のエネルギーとなるほか，グリコーゲンに再合成され肝臓や筋肉などで貯蔵される。
③ 歯や骨などの主要な構成成分である。
④ 体内のさまざまな生理機能を調節し，不足すると種類によってそれぞれ特徴的な欠乏症を引き起こす。

■■■

問4 食物を消化するためには酵素が使われる。酵素について述べた文として正しいものを，次の①〜④のうちから一つ選べ。解答番号は 9 。

① 酵素の本体はおもに油脂である。

② アミラーゼが分解する物質はタンパク質である。

③ それぞれの酵素には，最もよくはたらく温度や pH がある。

④ 炭水化物を分解する酵素はペプシンとリパーゼである。

問5 次の文は油脂について述べたものである。 A ， B ， C に当てはまる語句の組合せとして適切なものを，下の①〜④のうちから一つ選べ。解答番号は 10 。

　　油脂は大きく分けて常温で固体のものを A といい，液体のものを B という。油脂は脂肪酸と C から構成されている。

	A	B	C
①	脂　肪	脂肪油	グリセリン
②	脂　肪	脂肪油	グルコース
③	脂肪油	脂　肪	グリセリン
④	脂肪油	脂　肪	グルコース

【選択問題】（　5　・　6　のどちらか１題を選び解答する）

5　図１は，ヒトの眼の構造を示したものであり，図２は，ヒトの眼の網膜の断面を示したものである。眼の構造と光の関係について，問１〜問５に答えよ。

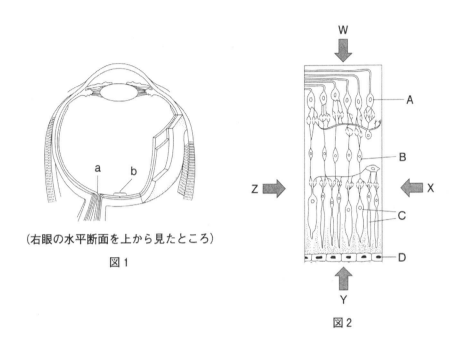

（右眼の水平断面を上から見たところ）

図１

図２

問１　図１の眼の構造についての説明の組合せとして正しいものを，次の①〜④のうちから一つ選べ。解答番号は　11　。

	aの名称	bの名称	特　徴
①	盲　斑	黄　斑	aには，視細胞が数多く集まっている。
②	黄　斑	盲　斑	aには，かん体細胞が分布していない。
③	黄　斑	盲　斑	bには，視細胞が分布していない。
④	盲　斑	黄　斑	bには，錐体細胞が数多く集まっている。

問 2 　遠近調節を行う眼の中の構造体の組合せとして正しいものを，次の①～④のうちから一つ

選べ。解答番号は 　12　 。

① 　チン小帯，虹彩

② 　毛様体(筋)，チン小帯

③ 　虹彩，ガラス体

④ 　ガラス体，毛様体(筋)

問 3 　図 2 のうち，光を受容する視細胞として正しいものを，次の①～④のうちから一つ選べ。

解答番号は 　13　 。

① 　A

② 　B

③ 　C

④ 　D

問 4 　図 2 について，矢印W～Zのうち光が入ってくる方向として正しいものを，次の①～④の

うちから一つ選べ。解答番号は 　14　 。

① 　W

② 　X

③ 　Y

④ 　Z

問 5 　次の文は，視覚が成り立つ仕組みについてのものである。文中の 　ア　 ， 　イ　 に入

る用語の組合せとして最も適切なものを，下の①～④のうちから一つ選べ。

解答番号は 　15　 。

　ア　 を通り網膜に達した光は，視細胞を興奮させる。視細胞の興奮は， 　イ　 を経

て脳に伝えられ，視覚が成立する。

	ア	イ
①	瞳　孔	視神経
②	水晶体	角　膜
③	視神経	脈絡膜
④	脈絡膜	水晶体

【選択問題】（ 5 ・ 6 のどちらか１題を選び解答する）

6 微生物に関する次の実験について，**問１〜問５**に答えよ。

実験１　10 ％の ア 溶液 20 mL に微生物 A を１g 入れてかき混ぜたのち，試験管に入れて 25 ℃ の温度のもとに置いたところ，気体の発生が見られた。反応後の液体をアルコール検知管で確認したところ，エタノールの生成が確認できた。

実験２　滅菌したビンに牛乳を 500 mL 入れ，微生物 B を１g 加えてフタをし，40 ℃ で 24 時間静置したところ，ヨーグルトができた。

実験３　２つの滅菌したペトリ皿に寒天培地をつくり，野外から採取した落葉を入れてフタをし，それぞれ 25 ℃ の室温と７℃ の冷蔵庫の温度条件で数日間放置した。室温のものでは表面に微生物の繁殖が見られたが，冷蔵庫のものでは微生物の繁殖はほとんど見られなかった。

問１　微生物について述べた文として正しいものを，次の①〜④のうちから一つ選べ。解答番号は 11 。

① 微生物とは，真核生物のうち微小な生物のことである。

② 微生物とは，肉眼では見えにくい微小な生物のことである。

③ 微生物は，すべて原核生物である。

④ 微生物とは，人間生活にとって有益なはたらきをもつ微小な生物のことである。

問２　**実験１**の ア に当てはまる物質名として最も適切なものを，次の①〜④のうちから一つ選べ。解答番号は 12 。

① 塩　酸

② 水酸化ナトリウム

③ 塩化ナトリウム

④ グルコース

問3　文中の微生物A，微生物Bの名称の組合せとして最も適切なものを，次の①～④のうちから一つ選べ。解答番号は　13　。

	微生物A	微生物B
①	大腸菌	酵　母
②	酵　母	大腸菌
③	大腸菌	乳酸菌
④	酵　母	乳酸菌

問4　実験2に関する記述として**誤っているもの**を，次の①～④のうちから一つ選べ。
解答番号は　14　。

① 高倍率の光学顕微鏡を使うと，ヨーグルトに含まれる微生物Bの存在を観察することができる。

② 生成したヨーグルトでは，牛乳よりpHが低くなり酸性を示す。

③ ヨーグルトの生成過程で二酸化炭素が発生し，ヨーグルトの柔らかさを維持する。

④ ヨーグルトの生成には，牛乳の中に含まれている糖の分解が関係する。

問5　実験3のように，微生物の繁殖は低温環境で抑制されることが多い。食品では，腐敗を防ぐために低温処理の他にもさまざまな方法が使われている。食品の保存と微生物の繁殖を抑える方法の組合せとして**誤っているもの**を，次の①～④のうちから一つ選べ。
解答番号は　15　。

	食品の保存	微生物の繁殖を抑える方法
①	魚肉や果物などの缶詰	加熱と密封をする。
②	ジャムの瓶詰	密封した内部で発酵を盛んにさせる。
③	かつお節	製造過程で脱水する。
④	袋入りの菓子	袋内に脱酸素剤を入れる。

【選択問題】（ 7 ・ 8 のどちらか１題を選び解答する）

7 天体と地球の運動について，問１～問５に答えよ。

　日本の中部地方のある場所で，夜空の星の動きを観測するため，東西南北それぞれの向きにカメラを向けある角度で固定し，一定時間星の動きを撮影した。図Ａ，図Ｂ，図Ｃは，東西南北のいずれかの向きで撮影したものである。

図Ａ　　　　　　　　　　　　　　　　図Ｂ

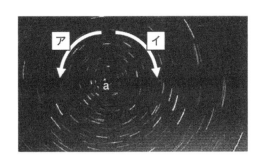

図Ｃ

問１　図Ａと図Ｂはどの向きの空の星の動きか，正しい組合せを，次の①～④のうちから一つ選べ。解答番号は 16 。

	図Ａ	図Ｂ
①	南の空	西の空
②	東の空	南の空
③	西の空	北の空
④	北の空	東の空

問2　図Cが見られる空の星の動きの方向(ア，イ)と，動きの中心近くにあってほとんど動かない星 a の名称の正しい組合せを，次の①～④のうちから一つ選べ。解答番号は　17　。

	星の動きの方向	星 a の名称
①	ア	南極星
②	イ	北極星
③	イ	南極星
④	ア	北極星

問3　図Cの同心円の中心近くにある星 a の高度(地平線からの角度)を，同じ場所で季節ごとに観測した。その結果の説明として正しいものを，次の①～④のうちから一つ選べ。解答番号は　18　。

① 星 a の高度は，季節に関係なくほとんど同じであった。

② 星 a の高度は，春と秋に高く夏と冬に低くなった。

③ 星 a の高度は，夏に高く冬に低くなった。

④ 星 a の高度は，冬に高く夏に低くなった。

問4　恒星の日周運動が見られる理由とその周期の正しい組合せを，次の①～④のうちから一つ選べ。解答番号は　19　。

	日周運動が見られる理由	周　期
①	地球が自転しているから	24 時間 04 分 00 秒
②	地球が公転しているから	23 時間 56 分 04 秒
③	地球が自転しているから	23 時間 56 分 04 秒
④	地球が公転しているから	24 時間 04 分 00 秒

問5　天球上で太陽が移動していく道筋の名称とこの道筋の天の赤道に対しての傾きの正しい組合せを，次の①～④のうちから一つ選べ。解答番号は　20　。

	天球上で太陽が移動していく道筋の名称	天の赤道に対しての傾き
①	黄　道	23.4°
②	子午線	23.4°
③	子午線	45.0°
④	黄　道	45.0°

【選択問題】（ 7 ・ 8 のどちらか１題を選び解答する）

8 日本付近のプレートと地震について，問１～問５に答えよ。

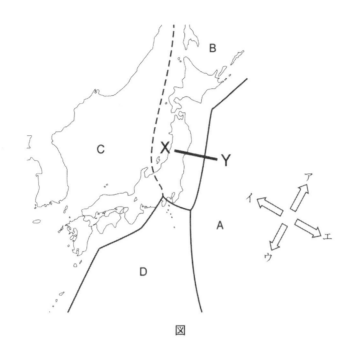

図

問１ 図は日本付近のA，B，C，Dのプレートの分布を模式的に示したものである。プレート
Aの移動の向きを表した矢印として最も適切なものを，次の①～④のうちから一つ選べ。
解答番号は 16 。

① ア

② イ

③ ウ

④ エ

問２ 図のプレートAとプレートBの境界付近にある地形の名称として最も適切なものを，次
の①～④のうちから一つ選べ。解答番号は 17 。

① 海 嶺

② 海食崖

③ 海 溝

④ 大陸棚

問 3　図の X - Y 付近でプレート A，B が接するようすと，発生する地震の震源を模式的に表した断面図として最も適切なものを，次の①～④のうちから一つ選べ。ただし，・は震源を表す。解答番号は　18　。

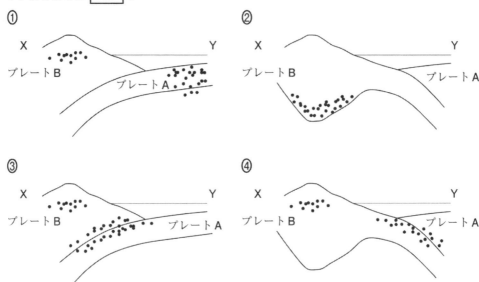

問 4　日本で起きる地震の説明として最も適切なものを，次の①～④のうちから一つ選べ。解答番号は　19　。

① 日本の内陸の地下で起きる地震は，すべてマグニチュードが小さいため大きな被害が出ることはない。

② 日本の地下で大きな地震が起きると，地震のエネルギーがすべて放出されるため，その後周辺で地震が起きることはない。

③ 日本では，気象庁が震度を 10 段階に設定しており，最も激しい揺れは震度 10 で表される。

④ 日本にはたくさんの活断層があり，将来その周辺で地震が起きる可能性がある。

問 5　海底下の浅いところを震源とする大きな地震が起き，それが原因となって発生する現象として最も適切なものを，次の①～④のうちから一つ選べ。解答番号は　20　。

① 津　波
② 火砕流
③ 高　潮
④ 洪　水

令和2年度　第2回

解答・解説

📖 令和2年度　第2回　高卒認定試験

―――――――――――― 【 解 答 】 ――――――――――――

1	解答番号	正答	配点	2	解答番号	正答	配点	3	解答番号	正答	配点	4	解答番号	正答	配点
問1	1	①	5	問1	1	③	5	問1	6	④	5	問1	6	②	5
問2	2	②	5	問2	2	②	5	問2	7	②	5	問2	7	①	5
問3	3	③	5	問3	3	③	5	問3	8	①	5	問3	8	②	5
問4	4	②	5	問4	4	①	5	問4	9	③	5	問4	9	③	5
問5	5	④	5	問5	5	④	5	問5	10	②	5	問5	10	①	5

5	解答番号	正答	配点	6	解答番号	正答	配点	7	解答番号	正答	配点	8	解答番号	正答	配点
問1	11	④	5	問1	11	②	5	問1	16	②	5	問1	16	②	5
問2	12	②	5	問2	12	②	5	問2	17	④	5	問2	17	③	5
問3	13	③	5	問3	13	④	5	問3	18	①	5	問3	18	③	5
問4	14	①	5	問4	14	①	5	問4	19	③	5	問4	19	④	5
問5	15	①	5	問5	15	②	5	問5	20	①	5	問5	20	①	5

―――――――――――― 【 解 説 】 ――――――――――――

1

問1　アは円形の水槽の中心を通る垂直な線と入射光のなす角度でこれを入射角といいます。同様にイはこの垂直な線と反射光のなす角度で反射角といいます。空気と水の境界面を通過して水の中を進むウのレーザー光は進む方向が入射光の方向から屈折しています。これは空気と水の屈折率の違いによるものであり，この屈折したレーザー光と垂直な線のなす角度を屈折角といいます。したがって，正解は①となります。

解答番号【1】：1　　⇒ ■重要度A■

問2　入射角を α，屈折角を β とすると，空気に対する水の屈折率は $\sin \alpha / \sin \beta$ と表すことができます。$\sin \alpha / \sin \beta = a / d$ となるので，正解は②となります。

解答番号【2】：2　　⇒ ■重要度B■

問3　Qの位置から入射角を大きくしていくと，やがて屈折角が $90°$ になります。そのときの入射角を臨界角といい，入射角が臨界角よりも大きくなると，光は境界面ですべて反射されるようになります。これを全反射といいます。したがって，正解は③となります。

解答番号【3】：3　　⇒ ■重要度B■

問4　レーザー光が水よりも屈折率の大きい食用油の中を進むとき，水と食用油の境界面で屈折が起こりますが，このとき屈折角は入射角よりも小さくなります。このとき該当する光の道筋はカとキになります。また，水と食用油の屈折率は1.3と1.5というように大きな差がないので，入射角と屈折角の差も小さくなります。カの屈折角はキの方に比べて極めて小さく，入射角の大きさに近いのはキの屈折角です。以上の点からレーザー光の道筋としてはキが適切と考えられます。したがって，正解は②となります。

　　解答番号【4】：2　　⇒ ■重要度B■

問5　光は均質な媒質中では基本的に直進する性質をもっています。しかし，媒質中に微粒子などが存在すると光の進行方向が不規則に変化します。これを光の散乱といいます。白色光にはさまざまな色の光が混ざっていますが，一般に短波長の光は散乱されやすく，長波長の光は散乱されにくい性質をもちます。水槽の水の中に牛乳の粒子が混ざることで青色など短波長の光は散乱され，赤色のような長波長の光が散乱されずに通過したため赤みがかった色が観測されたものと考えられます。したがって，正解は④となります。

　　解答番号【5】：4　　⇒ ■重要度B■

2

問1　絶対温度（K）はセ氏温度＋273で求めることができます。17＋273＝290となり，正解は③となります。

　　解答番号【1】：3　　⇒ ■重要度A■

問2　ペットボトルのお湯の温度が下がるのは，外部への放熱によるものですが，アルミホイルには熱の放射を防ぐ効果があります。また，気泡緩衝材には熱の伝導を防ぐ効果があるので，アルミホイルと気泡緩衝材の両方で覆うことで断熱の効果は上がります。したがって，②が正解となります。

　　解答番号【2】：2　　⇒ ■重要度B■

問3　熱の伝わりやすさは物質によって異なり，熱伝導率という数値によって区別されています。一般に鉄のような金属は熱伝導率が大きくなります。また，物質の状態によっても熱の伝わりやすさは変わり，気体＜液体＜固体の順に熱伝導率は大きくなります。したがって，正解は③となります。

　　解答番号【3】：3　　⇒ ■重要度A■

問4　熱が高い温度の物体から低い温度の物体へ移動し，両方の温度が同じになり熱の移動がなくなった状態を熱平衡といいます。このとき80℃のお湯20gが失った熱量と20℃の水100gが受け取った熱量は等しくなります。熱量は物質の質量×比熱×温度変化で求めることができます。水の比熱をc，熱平衡になったときの温度をtとすると，お湯が失った熱量＝$20 \times c \times (80 - t)$，水が得た熱量＝$100 \times c \times (t - 20)$と表すことができます。お湯が失った熱量と水が得た熱量は等しくなるので，$20 \times c \times (80 - t)$＝$100 \times c \times (t - 20)$を解いて，
$0.2 \times (80 - t) = t - 20$

$36 = 1.2 \text{ t}$

$\text{t} = 30$

したがって，正解は①となります。

解答番号【4】：1　⇒ 重要度B

問5　熱の伝わりやすさは気体＜液体＜固体の順に大きくなります。aはまわりが液体であることから，まわりが気体であるbよりも熱が伝わりやすいため，お湯の温度はaの方が短時間で下がると考えられます。したがって，正解は④となります。

解答番号【5】：4　⇒ 重要度B

3

問1　物質を構成している元素の種類が1種類の物質を単体，構成している元素の種類が2種類以上の物質を化合物といいます。くじゃく石は炭酸塩鉱物で酸化銅（Ⅱ）と同様に化合物です。活性炭，銅はいずれも単体になります。したがって，正解は④となります。

解答番号【6】：4　⇒ 重要度A

問2　鉱石から金属の単体を取り出すことを製錬といいます。したがって，正解は②となります。

解答番号【7】：2　⇒ 重要度A

問3　金属は表面が滑らかで特有の光沢をもちます。また，展性・延性といった性質があり，電気伝導性や熱伝導性が大きい物質です。金属が陽イオンになるか陰イオンになるかはイオン化傾向によって決まります。したがって，正解は①となります。

解答番号【8】：1　⇒ 重要度A

問4　①イオン結合の説明です。②共有結合の説明です。④分子間力による結合についての説明で原子どうしが結合する金属結合とは別の概念になります。したがって，正解は③となります。

解答番号【9】：3　⇒ 重要度B

問5　銅は光沢のある橙赤色をしており，電気伝導性，展性・延性の高い金属です。古くは金属製品や硬貨の材料として用いられ，現代においても電線などに多く利用されています。したがって，②が正解となります。

解答番号【10】：2　⇒ 重要度A

4

問1　アミノ酸分子が互いに結合するときは，アミノ基とカルボキシ基の間で水分子が取れてつながりますが，これを脱水縮合といいます。したがって，②が正解となります。

解答番号【6】：2　⇒ 重要度A

問2　ビタミンは生物の生存・生育に微量に必要とされる栄養素で，生物の体内では十分な量を合成できない炭水化物・タンパク質・脂質以外の有機化合物の総称です。ヒトのビタミンは13種類あり，ビタミンの種類によってその機能は分類されます。ビタミンの多くは生体内ではあまり合成することができないので，主に食物から摂取します。したがって，①が正解となります。

解答番号【7】：1　　⇒ **重要度A**

問3　①タンパク質の説明です。③歯や骨の主要成分はカルシウムです。④ビタミンについての説明です。したがって，正解は②となります。

解答番号【8】：2　　⇒ **重要度A**

問4　酵素は生体内化学反応を促進する触媒となる物質で，主成分はタンパク質です。それぞれの酵素には，最もよくはたらく温度やpH，それがはたらく物質が決まっています。酵素には炭水化物を分解するアミラーゼ，タンパク質を分解するペプシン，脂肪を分解するリパーゼなどがあります。したがって，正解は③となります。

解答番号【9】：3　　⇒ **重要度A**

問5　油脂は大きく分けて常温で固体のものを脂肪といい，液体のものを脂肪油といいます。油脂は脂肪酸とグリセリンから構成されています。ヒトはエネルギー源として，また細胞膜を構成する成分として，食品から油脂を摂取しています。したがって，正解は①となります。

解答番号【10】：1　　⇒ **重要度B**

5

問1　aは盲斑，bは黄斑といいます。黄斑には色を感知することができる錐体細胞が数多く集まっています。したがって，正解は④となります。

解答番号【11】：4　　⇒ **重要度B**

問2　遠近調節を行う眼の中の構造体は毛様体とチン小帯です。角膜と水晶体の間にある薄い膜で，瞳孔の大きさを調節して網膜に入る光の量を調節する役割をもちます。ガラス体は水晶体の後方から網膜に達するまでの眼球の大部分を占めており，水晶体を通ってきた光はガラス体を通過して網膜に到達して物が見えることになります。したがって，②が正解となります。

解答番号【12】：2　　⇒ **重要度B**

問3　Aは神経節細胞，Bは双極細胞，Dは網膜色素上皮層です。したがって，正解は③となります。

解答番号【13】：3　　⇒ **重要度A**

問4　眼に入ってきた光は網膜の奥にある視細胞によって，光から神経信号へと変換され，

最終的に網膜の表面（眼球の中心側）に存在する神経節細胞から視神経を経て脳中枢へ情報が伝えられます。したがって，正解は①となります。

解答番号【14】：1　⇒ **重要度B**

問5　瞳孔を通り網膜に達した光は，視細胞を興奮させます。視細胞の興奮は視神経を経て脳に伝えられ，視覚が成立します。したがって，①が正解となります。

解答番号【15】：1　⇒ **重要度A**

6

問1　微生物とは目に見えないくらい小さな生物のことで，細菌，菌類，ウイルス，微細藻類，原生動物などが含まれます。①微生物には真核生物だけでなく，細菌や藻類などの原核生物も含まれています。③真核生物でも顕微鏡などによって観察されるような生物は微生物になります。④微生物は必ずしも人間生活にとって有益なはたらきをもつものだけではなく，病原菌などの有害な微生物も存在します。したがって，正解は②となります。

解答番号【11】：2　⇒ **重要度A**

問2　微生物Aのはたらきにより，エタノールが生成されていることから，アはグルコースが該当します。エタノールはグルコースの分解によって生成されます。したがって，④が正解となります。

解答番号【12】：4　⇒ **重要度A**

問3　微生物Aはグルコースを分解してエタノールを生成していることからアルコール発酵を行う酵母と考えられます。また，ヨーグルトは乳酸発酵により製造される食品であり，それにかかわる微生物Bは乳酸菌となります。したがって，④が正解となります。

解答番号【13】：4　⇒ **重要度A**

問4　ヨーグルトは乳酸発酵により生成される乳酸を利用してつくられる発酵食品ですが，乳酸発酵の過程ではアルコール発酵と異なり，二酸化炭素は発生しません。したがって，③が正解となります。

解答番号【14】：3　⇒ **重要度A**

問5　食品の腐敗は，それを構成する有機物が微生物の作用によって変質する現象です。一方，微生物も生物である以上，代謝によって生命活動を維持しているため，そこに酸素が必要となります。食品の保存において密封が行われているのは，この酸素を遮断することにより微生物の代謝を抑制することができるからです。したがって，正解は②となります。

解答番号【15】：2　⇒ **重要度B**

7

問1　夜空の星の位置が時間の経過とともに動いて見えるのは，地球が24時間を周期として自転しているからです。また，地球の自転軸は一定の傾きをもっており，星の動き方は

観測地点の緯度や星を見る方向によって異なります。北半球の日本付近から夜空の星の動きを観測すると，北の空では図Cのように見えます。図Aは東の空を見たときの見え方で，左下から右上の方向に星の位置が移動します。西の空は図Aとは逆に左上から右下の方向に星の位置が動きます。南の空では星の位置は大きな弧を描くように左から右へ移動するため，水平に動いているように見えます。したがって，正解は②となります。

解答番号【16】：2　⇒ **重要度B**

問2　地球は北極側から見て反時計回りに自転しています。このとき夜空の星の動きの見え方はこれと反対になるため，時計回りの方向に動いているように見えます。ただし，これは南の空を見たときの星の動き方であって，北の空を見るときは正反対の位置から星を見ることになるので星の動く方向はアのようになります。図Cでは星aを中心に他の星が回転しているように見えますが，この中心にある星を北極星といいます。したがって，④が正解となります。

解答番号【17】：4　⇒ **重要度B**

問3　北極星の高度は1年を通じてほとんど変化しません。これは北極星が地球の自転軸の延長方向にあり，なおかつ星までの距離が大変離れているため，地球の公転による影響を受けないことによります。したがって，正解は①となります。

解答番号【18】：1　⇒ **重要度B**

問4　恒星はそれ自体の位置が動いているわけではなく，地球の自転によって見る側の位置が変化していることから，このような日周運動を見ることができます。その周期は23時間56分04秒です。したがって，正解は③となります。

解答番号【19】：3　⇒ **重要度A**

問5　天球上で太陽が移動していく道筋を黄道といいます。黄道の天の赤道に対しての傾きは23.4°となります。したがって，正解は①となります。

解答番号【20】：1　⇒ **重要度B**

8

問1　プレートAは太平洋プレートと呼ばれ，日本の東側から大陸に向かって移動しています。したがって，正解は②となります。

解答番号【16】：2　⇒ **重要度A**

問2　プレートAとプレートBの境界付近は，海底が細長い溝状に深くなっていて，日本海溝と呼ばれています。一般に海溝では，海嶺で生まれた海洋プレートが大陸プレートとの境界付近で沈み込んでいます。したがって，③が正解となります。

解答番号【17】：3　⇒ **重要度A**

問3　海洋プレートであるAは大陸プレートであるBとぶつかるところで下の方に沈み込んでいます。地震はこの2つのプレートの境界面付近で多発します。したがって，正解は

③となります。

解答番号【18】：3　　⇒ 重要度A

問4　①マグニチュードは地震の規模を示す指標ですが，マグニチュードの大きさと地震による被害の大きさは必ずしも一致するわけではありません。②日本の地下で大きな地震が起きると，その後も周辺で余震とよばれる断続的な地震が発生します。③震度階級は10段階に設定されていますが，最も激しい揺れは震度7となります。したがって，正解は④となります。

解答番号【19】：4　　⇒ 重要度A

問5　②火砕流は火山噴火などの火山活動によって発生します。③高潮は台風の接近により異常に潮位が高くなる現象です。④洪水は大雨などにより河川が氾濫することで起こります。したがって，正解は①となります。

解答番号【20】：1　　⇒ 重要度A

令和２年度 第１回
高卒認定試験

科学と人間生活

解答時間　50 分

1 【選択問題】 □1□・□2□ のどちらか1題，□3□・□4□ のどちらか1題，□5□・□6□
　　のどちらか1題，□7□・□8□ のどちらか1題の計4題を選んで，解
　　答する問題番号を記入及びマークした上で，解答すること。5題以
　　上にわたり解答した場合は採点できないので注意すること。

　　□1□・□2□ の解答番号は □1□ から □5□
　　□3□・□4□ の解答番号は □6□ から □10□
　　□5□・□6□ の解答番号は □11□ から □15□
　　□7□・□8□ の解答番号は □16□ から □20□

科 学 と 人 間 生 活

（解答番号 | 1 | ～ | 20 |）

【選択問題】（ | 1 | ・ | 2 | のどちらか1題を選び解答する）

| 1 | 光の性質について，問1～問5に答えよ。

問1 図1のように，空のコップにストローを入れる。このストローが動かないように，コップの
中に静かに水を注ぎ入れた場合の，ストローの見え方として最も適切なものを，下の①～④
のうちから一つ選べ。解答番号は | 1 | 。

図1

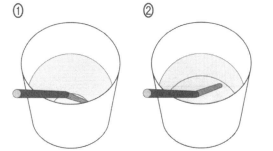 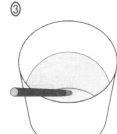 

問2 図2のように，透明なガラス製のビー玉が，空のビーカーの底に置かれ
ている。ある透明な液体をビーカーに注ぎ入れて，ビー玉を完全に沈め
た。液体中に沈んでいるビー玉が，ビーカーの側面から見えなくなる場合
を説明する文として最も適切なものを，次の①～④のうちから一つ選べ。
解答番号は | 2 | 。

図2

① ビー玉と液体の屈折率が等しいため，その境界面で，光は反射や屈折
  をして真っ直ぐに進む。

② ビー玉と液体の屈折率が等しいため，その境界面で，光は反射も屈折もしないで真っ直
  ぐに進む。

③ ビー玉と液体の屈折率が大きく異なるため，その境界面で，光はすべて反射される。

④ ビー玉と液体の屈折率が大きく異なるため，その境界面で，光はすべて屈折される。

問3　図3のように，点aにある光源を，床に垂直に立てた透明な
直方体の厚いガラス板を通して見る。図3の実線の矢印は，光
源からの光が目に届くまでの進み方を表している。また図3の
破線は，ガラス板が無い場合の，目に届くまでの光の進み方を
表している。ガラス板が無い場合と比べた，ガラス板を通して
見た場合の光源の見え方として最も適切なものを，次の①〜④
のうちから一つ選べ。解答番号は　3　。

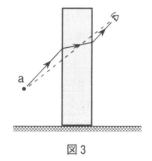

図3

① 光源が上下に2つに分かれて見える。

② 光源は点aより上の位置に見える。

③ 光源は点aより下の位置に見える。

④ 光源は点aと同じ位置に見える。

問4　図4のように，床に垂直に立てた平面鏡の手前に方向を
指示する板を置き，その板の真上の位置から鏡に映る板の
像を見る。図4の実線の矢印は，板からの光が目に届くま
での進み方を表しており，目と点A，および板と点Bの高
さは同じである。このとき，像の見かけの位置と，その像
の見え方の組合せとして最も適切なものを，次の①〜④の
うちから一つ選べ。解答番号は　4　。

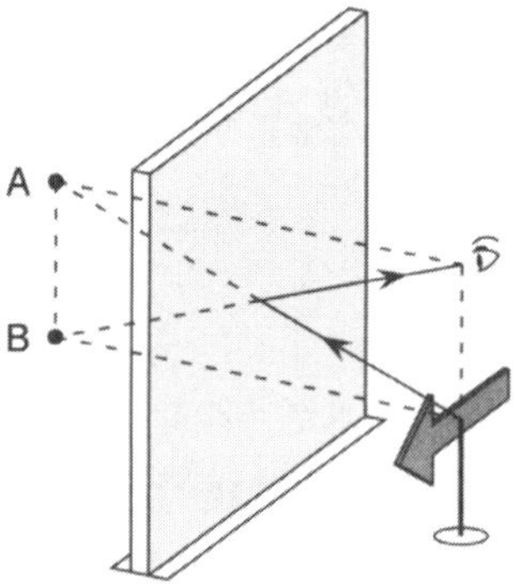

図4

	見かけの位置	見え方
①	点A	←
②	点A	→
③	点B	←
④	点B	→

問5　光の性質と色の関係について説明する文として誤っているものを，次の①〜④のうちから
一つ選べ。解答番号は　5　。

① 青色の光が空気中の微粒子に散乱されやすいことによって，晴れた昼の空は青く見える。

② 太陽光が大気中の水滴で屈折するときの光の分散によって，虹が見える。

③ 薄く透明なプラスチック板は，2枚の偏光板に挟まれると光弾性によって，色付いて見
える。

④ しゃぼん玉の表面は，薄膜による光の回折によって，虹色に見える。

【選択問題】（ $\boxed{1}$ · $\boxed{2}$ のどちらか1題を選び解答する）

$\boxed{2}$ 熱の性質とその利用について，問1～問5に答えよ。

問1 熱に関する記述として正しいものを，次の①～④のうちから一つ選べ。

解答番号は $\boxed{1}$ 。

① 熱は伝導によって伝わるが，放射によって伝わることはない。

② 温度が極めて低い状態では，熱は低温の物体から高温の物体に移動することもある。

③ 熱は原子や分子の熱運動とは無関係である。

④ 熱はエネルギーの一形態である。

問2 熱容量の単位として正しいものを，次の①～④のうちから一つ選べ。解答番号は $\boxed{2}$ 。

① J/K

② J/g

③ K/J

④ K/g

温度が $-20\,℃$ の氷 $100\,g$ に対して，一定の熱量を加え続ける実験を行った。図は，加えた熱量とそのときの温度を表したものである。ただし，加えた熱量はすべて氷および水に伝わり，それ以外の物体には伝わらないものとする。

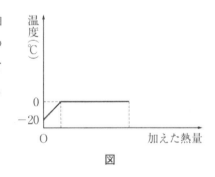

図

問3 氷の比熱は $2.1\,J/(g\cdot K)$ である。 $-20\,℃$ の氷 $100\,g$ を $0\,℃$ の氷にするまでに加えた熱量として正しいものを，次の①～④のうちから一つ選べ。解答番号は $\boxed{3}$ 。

① 1050 J

② 2100 J

③ 4200 J

④ 8400 J

問 4　氷や水の分子の熱運動，または，温度が上昇しなかった間に加えた熱量の説明として適切なものを，次の①～④のうちから一つ選べ。解答番号は　4　。

① 氷は固体の状態なので，分子の熱運動はなく，振動することもない。

② 液体の状態の水では，熱運動により分子どうしの距離が変わることはない。

③ 温度が上昇しなかった間に加えた熱量は，氷(固体)と水(液体)の分子が均等に受け取る。

④ 温度が上昇しなかった間に加えた熱量は，氷(固体)の分子どうしの結合を，弱めたり切り離したりする。

問 5　氷が溶けすべて水になった後も一定の熱量を加え続けると，再び温度が上昇した。氷の比熱を 2.1 J/(g·K)，水の比熱を 4.2 J/(g·K) とすると，温度の上昇を表したグラフとして最も適切なものを，次の①～④のうちから一つ選べ。解答番号は　5　。

①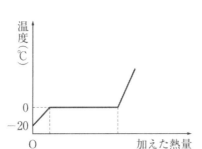

②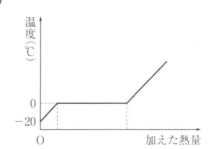

③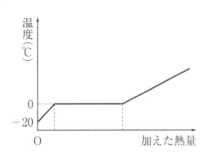

④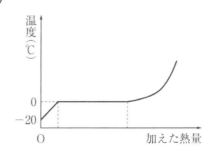

【選択問題】（ 3 ・ 4 のどちらか1題を選び解答する）

3 　金属について，問1〜問5に答えよ。

問 1 　固体の金属の構成や性質についての記述として**適切でないもの**を，次の①〜④のうちから一つ選べ。解答番号は 6 。

① 金属は，金属元素の原子が規則正しく配列したものである。

② 金属を構成する原子中の電子は，一部が他の原子と共有されて原子間を動き回る。

③ 金属の多くは，圧力を加えることにより，金属結合が切れて細かく分割される。

④ 金属は，自由電子をもつことにより，電気や熱を通しやすくなる。

問 2 　金属の特徴や性質に関する記述として**適切でないもの**を，次の①〜④のうちから一つ選べ。解答番号は 7 。

① アルミニウム箔は，金属の展性を利用してつくられる。

② 銅は，水や二酸化炭素などと反応することにより，表面に緑青と呼ばれるさびをつくる。

③ 同じ質量の鉄や銅と比較すると，アルミニウムは最も体積が小さい。

④ 銑鉄を鋼にするためには，炭素の割合を減らす必要がある。

問 3 　アルミニウム，鉄，銅の小さな金属片をそれぞれ2枚ずつ用意し，いずれも表面をやすりでよくみがき，濃度10％の塩酸と，濃度10％の水酸化ナトリウム水溶液にそれぞれ別々に入れたところ，次の表のような結果が得られた。この実験結果に関する記述として適切なものを，下の①〜④のうちから一つ選べ。解答番号は 8 。

	塩　酸	水酸化ナトリウム水溶液
アルミニウム	結果A	気体が発生した。
鉄	結果B	結果C
銅	結果D	変化がなかった。

① 結果Aと結果Bでは気体が発生した。

② 結果Aと結果Cでは溶液が赤く変化した。

③ 結果Bと結果Dでは変化がなかった。

④ 結果Cと結果Dでは溶液が青く変化した。

問 4 鉱石から金属の単体を取り出すことを製錬という。単体で産出されず工業的に金属の単体を取り出す過程で，電気分解を利用する金属の組合せとして適切なものを，次の①～④のうちから一つ選べ。解答番号は　9　。

① 金と銅

② 銅とアルミニウム

③ アルミニウムと鉄

④ 鉄と金

問 5 単一の金属よりも優れた性質を出すために，二種類以上の金属などを高温で混ぜ合わせて合金として利用する場合がある。合金に関する記述として適切なものを，次の①～④のうちから一つ選べ。解答番号は　10　。

① トタンは，鉄とスズを均一に混ぜ合わせた合金で，水にぬれてもさびにくいので，屋外で利用される。

② 青銅（ブロンズ）は，銅とニッケルの合金で，硬くてさびにくいので，美術品などに利用される。

③ ステンレス鋼は，アルミニウムを主成分とした合金で，軽くて丈夫なので，航空機の材料などに利用される。

④ 黄銅（真ちゅう）は，銅と亜鉛の合金で，金のような輝きをもち，楽器などに利用される。

【選択問題】（ 3 ・ 4 のどちらか1題を選び解答する）

4 繊維について，問1〜問5に答えよ。

問1 繊維の分類について説明した次の文中の A ～ C に入る語句の組合せとして適切なものを，下の①〜④のうちから一つ選べ。解答番号は 6 。

繊維には，天然繊維と化学繊維がある。天然繊維には，綿などの植物繊維や絹などの動物繊維がある。化学繊維には，ナイロンなどの A 繊維，レーヨンなどの B 繊維，アセテートなどの C 繊維がある。

	A	B	C
①	再生	合成	半合成
②	合成	半合成	再生
③	合成	再生	半合成
④	再生	半合成	再生

問2 次のア〜ウは繊維の性質と用途を示したものである。繊維の組合せとして適切なものを，下の①〜④のうちから一つ選べ。解答番号は 7 。

ア タンパク質を主成分とする繊維で光沢がある。和服やスカーフ，ネクタイなどに使われる。

イ セルロースを薬品で処理してつくられた繊維で肌ざわりがよい。服の裏地などに使われる。

ウ 石油からつくられた繊維で羊毛に似て軽くやわらかい。セーターなどに使われる。

	ア	イ	ウ
①	麻	ポリエステル	アクリル
②	麻	アセテート	ビニロン
③	絹	ポリエステル	ビニロン
④	絹	アセテート	アクリル

問3 次の**表**は天然繊維X，Yの特徴と顕微鏡写真を示したものである。X，Yの名称の組合せとして適切なものを，下の①～④のうちから一つ選べ。解答番号は　8　。

表

	X	Y
特　徴	扁平でよじれているため，相互にからみやすく糸にしやすい。	表面がうろこ状になっており，水蒸気や空気がその間を通りやすい。
顕微鏡写真	中空部　0.01 mm	0.01 mm

	X	Y
①	絹	羊　毛
②	綿	絹
③	絹	綿
④	綿	羊　毛

問4 レーヨンの主な原料として正しいものを，次の①～④のうちから一つ選べ。
解答番号は　9　。
① 木材パルプ
② カイコガのまゆ
③ ペットボトル
④ 羊　毛

問5 清涼飲料水の容器に用いられている合成樹脂は，繊維としても再利用されている。この繊維の名称として正しいものを，次の①～④のうちから一つ選べ。解答番号は　10　。
① ナイロン
② ポリエステル
③ ビニロン
④ アクリル

【選択問題】（ 5 ・ 6 のどちらか1題を選び解答する）

5 光に対する植物の反応について，問1～問5に答えよ。

植物の花芽の形成には，昼夜の長さが影響を受けることがある。暗期が限界暗期より長くなると花芽を形成する植物を A といい，植物例として B があげられる。このように，昼夜の長さの変化により花芽の形成などが左右される性質を C という。

問1 文中の A ， B に入る語句の組合せとして最も適切なものを，次の①～④のうちから一つ選べ。解答番号は 11 。

	A	B
①	長日植物	アサガオ
②	長日植物	アブラナ
③	短日植物	アサガオ
④	短日植物	アブラナ

問2 文中の C に入る語句として最も適切なものを，次の①～④のうちから一つ選べ。解答番号は 12 。

① 光走性

② 光屈性

③ 体内時計

④ 光周性

問3 植物の花芽の形成と昼夜の長さの関係について最も適切なものを，次の①～④のうちから一つ選べ。解答番号は 13 。

① キクの栽培では，夜間に照明を当てることで開花を遅らせることができる。

② 日本には昼夜の長さの影響を受けて花芽を形成する植物は存在しない。

③ 暗期が限界暗期より短くなると花芽を形成する植物は，秋に花を咲かせるものが多い。

④ 昼夜の長さの変化の影響は，生物では植物の花芽の形成だけに見られる。

問4 文中の下線部<u>暗期が限界暗期より長くなると花芽を形成する植物</u>について、限界暗期の長さが9時間の植物を、図のa～dのような明暗周期で育てた。花芽が形成される場合には○、形成されない場合には×で表すとき、図のa～dの花芽形成の組合せとして最も適切なものを、下の①～④のうちから一つ選べ。解答番号は 14 。

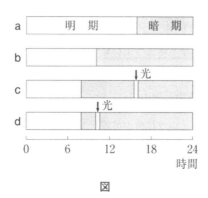

図

	a	b	c	d
①	○	×	○	×
②	○	×	○	○
③	×	○	×	○
④	×	○	×	×

問5 長日植物と短日植物における限界暗期の長さについて最も適切なものを、次の①～④のうちから一つ選べ。解答番号は 15 。

① 長日植物の限界暗期の長さは植物により異なるが、短日植物の限界暗期の長さは植物によらず一定である。

② 長日植物の限界暗期の長さは植物によらず一定だが、短日植物の限界暗期の長さは植物により異なる。

③ 長日植物も短日植物も、限界暗期の長さは植物によらず一定である。

④ 長日植物も短日植物も、限界暗期の長さは植物により異なる。

【選択問題】（ 5 ・ 6 のどちらか1題を選び解答する）

6 微生物と医療のかかわりについて，問1〜問5に答えよ。

　1929年にイギリスのフレミングがアオカビから，感染症治療に劇的な効果がある A を
発見した。1944年にアメリカの B は，土の中の放線菌からストレプトマイシンがつくり
出されることを発見した。 A やストレプトマイシンは，他の生物の生育や機能を阻害する
 C で，細菌が原因となるさまざまな病気の治療や予防に効果をもたらし，多くの命を救っ
てきた。

　1980年代になると，ある微生物の細胞にヒトから取り出したDNAを導入してインスリンを
多量に生産させる D という技術が可能となった。その後も，この技術を用いて，微生物が
つくるさまざまな医薬品が開発されている。

問1　文中の A ， B に入る物質名や人物名の組合せとして適切なものを，次の①〜
　　④のうちから一つ選べ。解答番号は 11 。

	A	B
①	ペニシリン	ワクスマン
②	コンパクチン	ワクスマン
③	ペニシリン	パスツール
④	コンパクチン	パスツール

問2　文中の C ， D に入る物質名や技術名の組合せとして適切なものを，次の①〜
　　④のうちから一つ選べ。解答番号は 12 。

	C	D
①	ワクチン	バイオテクノロジー
②	ワクチン	バイオレメディエーション
③	抗生物質	バイオテクノロジー
④	抗生物質	バイオレメディエーション

問 3 下線部アオカビが含まれる生物の仲間として適切なものを，次の①～④のうちから一つ選
   (a)
   べ。解答番号は 13 。

① 細　菌

② ウイルス

③ 原生生物

④ 菌　類

問 4 下線部細菌が原因となるさまざまな病気の例として適切なものを，次の①～④のうちから
   (b)
   一つ選べ。解答番号は 14 。

① エイズ

② はしか

③ 結　核

④ インフルエンザ

問 5 下線部ある微生物について最も適切なものを，次の①～④のうちから一つ選べ。
   (c)
   解答番号は 15 。

① 納豆菌

② 根粒菌

③ 大腸菌

④ 乳酸菌

【選択問題】（ 7 ・ 8 のどちらか1題を選び解答する）

7 2013年（平成25年）に富士山が世界文化遺産に登録された。富士山は現在も活動を続ける火山である。富士山を含む火山について，問1～問5に答えよ。

問1 次の文は日本の火山活動について説明したものである。文中の A ～ C に入る語句の組合せとして正しいものを，下の①～④のうちから一つ選べ。解答番号は 16 。

おおむね過去1万年以内に噴火した火山や現在も噴気活動をしている火山を A と呼び，日本には約 B ある。これらの多くの火山が C から数百km離れたところに C とほぼ平行に分布している。

	A	B	C
①	休火山	60	海溝
②	活火山	110	海溝
③	休火山	110	海嶺
④	活火山	60	海嶺

問2 火山が噴火するときに噴出するものには火山ガスが含まれている。その主成分として最も適切なものを，次の①～④のうちから一つ選べ。解答番号は 17 。

① 水蒸気，二酸化炭素

② アンモニア，メタン

③ 窒素，酸素

④ 水素，ヘリウム

問 3　火山は，マグマの性質や噴火の様式によって形が異なる。**写真**の富士山の説明として最も適切なものを，下の①～④のうちから一つ選べ。解答番号は　18　。

写真

①　粘性の低いマグマが噴出し，溶岩流が広く流れることでできた，盾状火山である。

②　粘性の高いマグマが火口付近で急な山体をつくることでできた，溶岩ドームである。

③　爆発的な噴火を繰り返すことでできた，カルデラ火山である。

④　火砕物と溶岩の噴出が交互に繰り返されてできた，成層火山である。

問 4　1991 年（平成 3 年）雲仙普賢岳の噴火では大規模な火砕流が発生した。火砕流の説明として最も適切なものを，次の①～④のうちから一つ選べ。解答番号は　19　。

①　降り積もった火砕物が，大雨にともない川などを一気に流れる現象である。

②　高温の火砕物が火山ガスを含んだまま，高速で流れ下る現象である。

③　山頂付近で大規模な崩壊が起こり，冷えて固まった溶岩が斜面を落ちる現象である。

④　高温で粘り気のある溶岩が，地形にそってゆっくりと流れる現象である。

問 5　現在，火山の地下にある膨大な熱を利用して発電が行われている。この発電方法として正しいものを，次の①～④のうちから一つ選べ。解答番号は　20　。

①　火力発電

②　地熱発電

③　バイオマス発電

④　潮汐発電

【選択問題】（ 7 ・ 8 のどちらか1題を選び解答する）

8 太陽系の惑星について，問1〜問5に答えよ。

問1 写真1と写真2は，水星と金星の画像である。それぞれの惑星の表面の説明として誤っているものを，下の①〜④のうちから一つ選べ。解答番号は 16 。

写真1　水星　　　　　　　　　　　　写真2　金星

(https://www.nasa.gov/ より)

① 水星は，水素を含む厚い大気があり，月のようなクレーターが見られる。

② 水星は，岩石で覆われている。

③ 金星は，二酸化炭素を主成分とした厚い大気で覆われている。

④ 金星は，温室効果により地表面の温度が約460℃に達する。

問2 水星や金星は地球型惑星と呼ばれる。地球型惑星の中心部の構造の説明として最も適切なものを，次の①〜④のうちから一つ選べ。解答番号は 17 。

① 表面と同じ岩石からできている。

② 氷からできている。

③ 鉄などの金属からできている。

④ 空洞になっている。

問3　次の文は木星について説明したものである。文中の　A　～　C　に入る語句の組合
せとして正しいものを，下の①～④のうちから一つ選べ。解答番号は　18　。

木星は，太陽系の中で最も大きな惑星であり，自転周期は地球に比べて　A　，扁平な
形をしている。大気は　B　が主成分であり，その大気の流れによって　C　と呼ばれ
る巨大な渦巻きが見られる。また，木星は多くの衛星をもつことが知られている。

	A	B	C
①	長 く	水 素	白 斑
②	長 く	メタン	大赤斑
③	短 く	メタン	白 斑
④	短 く	水 素	大赤斑

問4　地球型惑星と木星型惑星の半径と密度の関係を模式的に表した図として最も適切なもの
を，次の①～④のうちから一つ選べ。ただし，図の横軸は半径，縦軸は密度を表している。
解答番号は　19　。

①
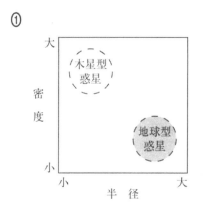

②
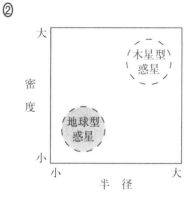

③
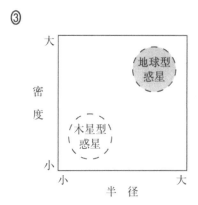

④
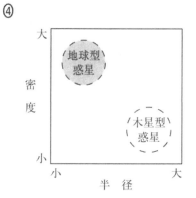

問 5　紀元前から，惑星と太陽が地球の周りを回転している「天動説」という考え方が主流であっ
た。16 世紀になり，地球をはじめとする惑星が太陽の周りを回転している「地動説」という
考え方が提唱され，その後，広く受け入れられていった。この「地動説」を唱えた人物名とし
て正しいものを，次の①～④のうちから一つ選べ。解答番号は　20　。

① プトレマイオス

② コペルニクス

③ ユリウス

④ グレゴリオ

令和2年度　第1回

解答・解説

令和２年度　第１回　高卒認定試験

【　解　答　】

1	解答番号	正答	配点	2	解答番号	正答	配点	3	解答番号	正答	配点	4	解答番号	正答	配点
問1	1	②	5	問1	1	④	5	問1	6	③	5	問1	6	③	5
問2	2	②	5	問2	2	①	5	問2	7	③	5	問2	7	④	5
問3	3	③	5	問3	3	③	5	問3	8	①	5	問3	8	④	5
問4	4	③	5	問4	4	④	5	問4	9	②	5	問4	9	①	5
問5	5	④	5	問5	5	③	5	問5	10	④	5	問5	10	②	5

5	解答番号	正答	配点	6	解答番号	正答	配点	7	解答番号	正答	配点	8	解答番号	正答	配点
問1	11	③	5	問1	11	①	5	問1	16	②	5	問1	16	①	5
問2	12	④	5	問2	12	④	5	問2	17	①	5	問2	17	①	5
問3	13	①	5	問3	13	④	5	問3	18	④	5	問3	18	④	5
問4	14	③	5	問4	14	④	5	問4	19	④	5	問4	19	④	5
問5	15	④	5	問5	15	③	5	問5	20	②	5	問5	20	②	5

【　解　説　】

1

問1　水に浸かっている部分のストローからくる光は水面を通過するとき屈折しています。これにより屈折した光が目に入ることで，ストローの実際の位置よりも上の方にストローがあるように見える（虚像という）ので，②のような見え方になります。

解答番号【1】：2　　⇒ 重要度A

問2　光は屈折率の異なる物質の境界面で一部は反射され，一部が通過します。ところが同じ屈折率の物質の境界を光が通るときは反射も屈折も起こらず，光はまっすぐ進んでしまいます。ビー玉と液体の屈折率が等しいときに光がまっすぐ進むため反射も屈折も起こらずビー玉が見えなくなります。したがって，正解は②となります。

解答番号【2】：2　　⇒ 重要度B

問3　図を見ると，光がガラス板を通過してやってくる方向は，実際の光源の位置がある方向よりも下の方になっていることがわかります。つまり光源は点aより下の位置に見えることになります。したがって，正解は③となります。

解答番号【3】：3　　⇒ 重要度B

問4　図を見ると，目に入る光の方向は点Bからくる方向になっているので，見かけの像の位置は点Bとなり，目の位置から見て左向きの矢印に見えます。したがって，正解は③となります。

解答番号【4】：3　　⇒ 重要度B

問5　しゃぼん玉に色がついて見えるのは，膜の表面で反射する光と内面で反射する光が重なりあっているからです。これを光の干渉といいます。干渉は波の性質の一つで，光の波がお互いに干渉して弱めあったり強めあったりして虹色に見えます。回折は波が遮蔽物のかげに回り込む現象です。したがって，正解は④となります。

解答番号【5】：4　　⇒ 重要度B

2

問1　①熱は伝導・対流・放射という3つの伝わり方で広がっていきます。②熱は高温の物体から低音の物体へ伝わります。③熱は分子などの物質構成粒子の運動の平均エネルギーを表す尺度のことでもあり，物体を構成している原子間，分子間の振動などの運動エネルギーが伝播することを意味します。したがって，正解は④となります。

解答番号【1】：4　　⇒ 重要度A

問2　熱容量の単位はジュール毎ケルビン（J／K）です，熱容量とは任意の量の物質の温度を1度上昇させるのに必要な熱量のことです。したがって，①が正解となります。

解答番号【2】：1　　⇒ 重要度A

問3　比熱とは物質1gの温度を1度上昇させるのに必要な熱量のことです。－20℃の氷を0℃の氷にするとき，温度は20℃上昇しているので，加えられた熱量は$100 \times 2.1 \times 20 = 4200$（J）となります。したがって，正解は③となります。

解答番号【3】：3　　⇒ 重要度B

問4　氷に熱エネルギーを加えていくと，水分子の運動量が大きくなり，温度が上昇します。ただし，水分子が行きたい方向に行こうとしても，分子どうしの結合の力（分子間力）により自由に動けず，所定の位置で振動しているだけです。さらに熱エネルギーを加えてゆき温度が0℃になると，水分子は所定の位置にとどまるのに耐えきれず，分子どうしの結合を弱めたり切り離したりします。これは温度が上昇しなかった間に加えた熱量によるものです。したがって，正解は④となります。

解答番号【4】：4　　⇒ 重要度B

問5　水の比熱は氷の比熱の2倍になっています。つまり，水の温度を氷の温度と同じだけ上昇させるには2倍の熱量が必要になるということです。氷が溶けて水になった後に同じ熱量を加え続けると，温度上昇は氷のときと比べて緩やかになります。したがって，正解は③となります。

解答番号【5】：3　　⇒ 重要度B

3

問1　金属には展性と延性という性質があり，自由電子によって結晶構造を保ちながら，自在に形を変えることができます。金属結合では電子は自由電子となり，原子核の間を自由に動いています。強い力により原子の位置関係が変わっても，ずれた形で原子間のクーロン力により強い結合が維持されます。したがって，正解は③となります。

　　解答番号【6】：3　　⇒ 重要度A

問2　同じ体積の鉄や銅に比べ，アルミニウムは軽量です。これはアルミニウムの密度が鉄や銅に比べて小さいためであり，同じ質量にして体積を比較するとアルミニウムの方が大きくなります。したがって，正解は③となります。

　　解答番号【7】：3　　⇒ 重要度A

問3　水素よりもイオン化傾向が大きいアルミニウムや鉄は塩酸と反応して水素が発生しますが，水素よりもイオン化傾向が小さい銅は塩酸に反応しません。実験結果からアルミニウムは酸と塩基の両方に反応しており，このような金属を両性金属といいます。両性金属以外の金属は水酸化ナトリウム水溶液のようなアルカリ溶液には溶けません。したがって，正解は①となります。

　　解答番号【8】：1　　⇒ 重要度B

問4　金は単体で産出されるので製錬の必要がありません。また，鉄は不純物を取り除く過程で電気分解を必要としません。金属の単体を取り出す過程で電気分解を利用する金属は銅やアルミニウムで，溶液中のイオンを析出することで単体を得ます。したがって，正解は②となります。

　　解答番号【9】：2　　⇒ 重要度A

問5　①トタンは合金ではなく鉄に亜鉛メッキしたものです。②青銅は銅を主成分とするスズを含む合金です。③ステンレス鋼は鉄にクロムを含ませた合金鋼で，腐食に対する耐性をもちます。したがって，④が正解となります。

　　解答番号【10】：4　　⇒ 重要度A

4

問1　化学繊維には，ナイロンなど人工的につくられた高分子の繊維である合成繊維，レーヨンなど天然高分子化合物を溶解して紡糸した再生繊維，アセテートなど天然高分子化合物を原料に他の物質との化合により多少の化学変化を加えて紡糸した半合成繊維があります。したがって，③が正解となります。

　　解答番号【6】：3　　⇒ 重要度A

問2　アは動物繊維の絹になります。麻はセルロースを主成分とする植物繊維です。イは半合成繊維のアセテートです。ポリエステルは合成繊維になります。ウは合成繊維のアクリルです。ビニロンも合成繊維ですが，綿に似た風合いがあり，染色しにくくごわごわ

するという短所があるため衣料用よりも産業用資材として多く用いられています。したがって，④が正解となります。

解答番号【7】：4　⇒■重要度A

問3　Xは植物繊維である綿の特徴が説明されています。繊維の内部が中空になっているのは細胞壁の内部でもともと細胞本体が入っていたからです。Yは動物繊維である羊毛の説明が書かれています。絹の繊維の断面は内部が2層に分かれており表面がうろこ状になっていないためYの写真は該当しません。したがって，④が正解となります。

解答番号【8】：4　⇒■重要度B

問4　レーヨンは再生繊維であり，主な原料は木材パルプです。したがって，正解は①となります。

解答番号【9】：1　⇒■重要度A

問5　清涼飲料水の容器に用いられている合成樹脂は，ポリエチレンテレフタラート（PET）と呼ばれるポリエステルの一種で，繊維としても再利用されています。したがって，正解は②となります。

解答番号【10】：2　⇒■重要度A

5

問1　暗期が限界暗期より長くなると花芽を形成する植物を短日植物といい，夏から秋にかけて開花する植物が該当します。反対に暗期が限界暗期より短くなると花芽を形成する植物を長日植物といい春に開花する植物が該当します。アブラナは長日植物になります。したがって，正解は③となります。

解答番号【11】：3　⇒■重要度A

問2　昼夜の長さの変化により花芽の形成などが左右される性質を植物の光周性といいます。光走性は動物が光に対して近づいたり遠ざかったりする性質のことです。光屈性は光の入射方向に対応して，植物などの成長方向が変化する性質のことです。体内時計とは生物が生まれつき備えている時間測定機構のことで，睡眠や行動の周期に影響を与えます。したがって，④が正解となります。

解答番号【12】：4　⇒■重要度A

問3　キクは短日植物であり，①のように意図的に暗期を短くすることで開花を遅らせることができます。日本にもさまざまな種類の長日植物と短日植物が存在しており，②は誤りとなります。③のように暗期が限界暗期より短くなると花芽を形成する植物は春に開花します。④の昼夜の長さの変化の影響は植物では花芽の形成以外にも落葉や休眠に見られます。したがって，正解は①となります。

解答番号【13】：1　⇒■重要度A

問4　aは暗期が限界暗期より短いので花芽を形成しません。また，cも光による中断で連続した暗期の長さが限界暗期より短いので花芽を形成しません。したがって，正解は③となります。

解答番号【14】：3　　⇒ 重要度B

問5　長日植物も短日植物も，限界暗期の長さは植物の種類によって異なっています。したがって，④が正解となります。

解答番号【15】：4　　⇒ 重要度B

6

問1　ペニシリンを発見したのはイギリスのフレミングです。また，放線菌からストレプトマイシンがつくられることを発見したのはアメリカのワクスマンです。コンパクチンは脂質降下薬の名称，パスツールはウイルスの培養やワクチン開発などの業績があるフランスの生化学者・細菌学者です。したがって，正解は①となります。

解答番号【11】：1　　⇒ 重要度B

問2　ペニシリンやストレプトマイシンは抗生物質と呼ばれ，微生物の発育を阻害する効果があります。また，人間にとって有用な物質を微生物によって大量に生産させる技術をバイオテクノロジーといいます。バイオレメディエーションとは微生物や植物などがもつ化学物質の分解能力を利用して，土壌や地下水の汚染を浄化する技術のことです。したがって，③が正解となります。

解答番号【12】：3　　⇒ 重要度A

問3　アオカビは菌類に属しています。菌類はキノコ，カビのほか，酵母などの単細胞生物のようなさまざまな形態をもつ真核生物です。したがって，④が正解となります。

解答番号【13】：4　　⇒ 重要度A

問4　結核は結核菌と呼ばれる細菌が原因となる病気です。エイズ，はしか，インフルエンザはいずれもウイルスが原因となる病気です。したがって，③が正解となります。

解答番号【14】：3　　⇒ 重要度A

問5　組み換えDNA技術によってヒト型インスリンが開発されましたが，これは大腸菌などにヒトインスリン遺伝子を導入して生産しています。したがって，正解は③となります。

解答番号【15】：3　　⇒ 重要度B

7

問1　おおむね過去1万年以内に噴火した火山や現在も噴気活動をしている火山を活火山と呼び，日本には約110ほどの活火山があるとされています。これらの火山の多くは海溝

から数百 km 離れたところに海溝とほぼ平行に分布しています。したがって，正解は②
となります。

解答番号【16】：2　⇒ 重要度 B

問 2　火山ガスの主成分は水蒸気，二酸化炭素などです。したがって，①が正解となります。

解答番号【17】：1　⇒ 重要度 A

問 3　　富士山は成層火山です。盾状火山の例としてはマウナ・ロア山やキラウエア火山，溶
岩ドームは昭和新山などがあります。また，カルデラ火山の例としては阿蘇山などが有
名です。したがって，正解は④となります。

解答番号【18】：4　⇒ 重要度 A

問 4　火砕流は高温の火砕物が火山ガスを含んだまま，高速で流れ下る現象で，麓に大きな
被害をもたらすことがあります。したがって，正解は②となります。

解答番号【19】：2　⇒ 重要度 A

問 5　地熱発電は地熱によって生成された水蒸気により発電機に連結された蒸気タービンを
回すことによって電力を発生させます。火山の地下にある膨大な熱を利用するので，火
力発電に比べ温室効果ガスの発生が少なく，太陽光発電や風力発電といった他の再生可
能エネルギーを活用した発電と異なり，天候，季節，昼夜によらず安定した発電量を得
ることができます。したがって，正解は②となります。

解答番号【20】：2　⇒ 重要度 A

8

問 1　水星は最も太陽に近い公転軌道をもつ太陽系最小の惑星です。太陽に近いところを公
転しているため地球からの観測が難しくわからないことが多い惑星です。地表は月に似
た状態で薄い大気が存在していることがわかっていますが，大気中に水素が存在するこ
とは確認されていません。したがって，正解は①となります。

解答番号【16】：1　⇒ 重要度 A

問 2　地球型惑星の内部構造は惑星表面から中心部にかけて層状の構造をしており，中心部
にある核は鉄などの金属からできています。したがって，③が正解となります。

解答番号【17】：3　⇒ 重要度 A

問 3　木星は太陽系最大の惑星であり，自転周期は地球よりも短くおよそ 10 時間となります。
大気の主成分は水素であり約 71％を占めています。この大気の流れによって大赤斑と呼
ばれる巨大な渦巻きが見られます。したがって，正解は④となります。

解答番号【18】：4　⇒ 重要度 A

問4　地球型惑星の特徴は密度が大きく半径が小さいことです。反対に木星型惑星は密度が小さく半径が大きくなります。したがって，正解は④となります。

　　解答番号【19】：4　　⇒ **重要度A**

問5　地動説を提唱したのはコペルニクスです。天動説は2世紀頃の古代アレクサンドリアの学者であるプトレマイオスが主張したものです。したがって，正解は②となります。

　　解答番号【20】：2　　⇒ **重要度A**

第　回　高等学校卒業程度認定試験

科学と人間生活　解答用紙

氏　名

(注意事項)

1. 記入はすべてHBまたはHBの黒色鉛筆を使用してください。
2. 訂正するときは、プラスチックの消しゴムで丁寧に消し、消しくずを残さないでください。
3. 所定の記入欄以外には何も記入しないでください。
4. 解答用紙を汚したり、折り曲げたりしないでください。
5. マーク例　良い例　●　悪い例　⊘ ◐ ◑ ● ◒ ○

※選択問題を選び、問題番号を記入及びマークすること。

【選択問題1】

問題番号	
1	○
2	○

【選択問題2】

問題番号	
3	○
4	○

【選択問題3】

問題番号	
5	○
6	○

【選択問題4】

問題番号	
7	○
8	○

生年月日 ⇒

年号						
明治 Ⓜ	⓪	①	②	③	④	⑤ ⑥ ⑦ ⑧ ⑨
大正 Ⓣ		⓪	①	②	③	
昭和 Ⓢ	⓪	①	②	③	④	⑤ ⑥ ⑦ ⑧ ⑨
平成 Ⓗ			⓪	①		
	⓪	①	②	③	④	⑤ ⑥ ⑦ ⑧ ⑨
	⓪	①	②	③	④	⑤ ⑥ ⑦ ⑧ ⑨

受験番号 ⇒

⓪	①	②	③	④	⑤	⑥	⑦ ⑧ ⑨
⓪	①	②	③	④	⑤	⑥	⑦ ⑧ ⑨
⓪	①	②	③	④	⑤	⑥	⑦ ⑧ ⑨
	①	②					

解答欄

解答番号	解答欄　1 2 3 4 5 6 7 8 9 0
1	① ② ③ ④ ⑤ ⑥ ⑦ ⑧ ⑨ ⓪
2	① ② ③ ④ ⑤ ⑥ ⑦ ⑧ ⑨ ⓪
3	① ② ③ ④ ⑤ ⑥ ⑦ ⑧ ⑨ ⓪
4	① ② ③ ④ ⑤ ⑥ ⑦ ⑧ ⑨ ⓪
5	① ② ③ ④ ⑤ ⑥ ⑦ ⑧ ⑨ ⓪
6	① ② ③ ④ ⑤ ⑥ ⑦ ⑧ ⑨ ⓪
7	① ② ③ ④ ⑤ ⑥ ⑦ ⑧ ⑨ ⓪
8	① ② ③ ④ ⑤ ⑥ ⑦ ⑧ ⑨ ⓪
9	① ② ③ ④ ⑤ ⑥ ⑦ ⑧ ⑨ ⓪
10	① ② ③ ④ ⑤ ⑥ ⑦ ⑧ ⑨ ⓪
11	① ② ③ ④ ⑤ ⑥ ⑦ ⑧ ⑨ ⓪
12	① ② ③ ④ ⑤ ⑥ ⑦ ⑧ ⑨ ⓪
13	① ② ③ ④ ⑤ ⑥ ⑦ ⑧ ⑨ ⓪
14	① ② ③ ④ ⑤ ⑥ ⑦ ⑧ ⑨ ⓪
15	① ② ③ ④ ⑤ ⑥ ⑦ ⑧ ⑨ ⓪

解答番号	解答欄　1 2 3 4 5 6 7 8 9 0
16	① ② ③ ④ ⑤ ⑥ ⑦ ⑧ ⑨ ⓪
17	① ② ③ ④ ⑤ ⑥ ⑦ ⑧ ⑨ ⓪
18	① ② ③ ④ ⑤ ⑥ ⑦ ⑧ ⑨ ⓪
19	① ② ③ ④ ⑤ ⑥ ⑦ ⑧ ⑨ ⓪
20	① ② ③ ④ ⑤ ⑥ ⑦ ⑧ ⑨ ⓪
21	① ② ③ ④ ⑤ ⑥ ⑦ ⑧ ⑨ ⓪
22	① ② ③ ④ ⑤ ⑥ ⑦ ⑧ ⑨ ⓪
23	① ② ③ ④ ⑤ ⑥ ⑦ ⑧ ⑨ ⓪
24	① ② ③ ④ ⑤ ⑥ ⑦ ⑧ ⑨ ⓪
25	① ② ③ ④ ⑤ ⑥ ⑦ ⑧ ⑨ ⓪
26	① ② ③ ④ ⑤ ⑥ ⑦ ⑧ ⑨ ⓪
27	① ② ③ ④ ⑤ ⑥ ⑦ ⑧ ⑨ ⓪
28	① ② ③ ④ ⑤ ⑥ ⑦ ⑧ ⑨ ⓪
29	① ② ③ ④ ⑤ ⑥ ⑦ ⑧ ⑨ ⓪
30	① ② ③ ④ ⑤ ⑥ ⑦ ⑧ ⑨ ⓪

受験地

北海道 ○	滋 賀 ○		
青 森 ○	京 都 ○		
岩 手 ○	大 阪 ○		
宮 城 ○	兵 庫 ○		
秋 田 ○	奈 良 ○		
山 形 ○	和歌山 ○		
福 島 ○	鳥 取 ○		
茨 城 ○	島 根 ○		
栃 木 ○	岡 山 ○		
群 馬 ○	広 島 ○		
埼 玉 ○	山 口 ○		
千 葉 ○	徳 島 ○		
東 京 ○	香 川 ○		
神奈川 ○	愛 媛 ○		
新 潟 ○	高 知 ○		
富 山 ○	福 岡 ○		
石 川 ○	佐 賀 ○		
福 井 ○	長 崎 ○		
山 梨 ○	熊 本 ○		
長 野 ○	大 分 ○		
岐 阜 ○	宮 崎 ○		
静 岡 ○	鹿児島 ○		
愛 知 ○	沖 縄 ○		
三 重 ○			

第　回　高等学校卒業程度認定試験

科学と人間生活　解答用紙

氏名

（注意事項）

1. 記入はすべてHまたはHBの黒色鉛筆を使用してください。
2. 訂正するときは、プラスチックの消しゴムで丁寧に消し、消しくずを残さないでください。
3. 所定の記入欄以外には何も記入しないでください。
4. 解答用紙を汚したり、折り曲げたりしないでください。
5. マーク例

良い例	悪い例
●	

受験地

北海道	○	滋賀	○
青森	○	京都	○
岩手	○	大阪	○
宮城	○	兵庫	○
秋田	○	奈良	○
山形	○	和歌山	○
福島	○	鳥取	○
茨城	○	島根	○
栃木	○	岡山	○
群馬	○	広島	○
埼玉	○	山口	○
千葉	○	徳島	○
東京	○	香川	○
神奈川	○	愛媛	○
新潟	○	高知	○
富山	○	福岡	○
石川	○	佐賀	○
福井	○	長崎	○
山梨	○	熊本	○
長野	○	大分	○
岐阜	○	宮崎	○
静岡	○	鹿児島	○
愛知	○	沖縄	○
三重	○		

※選択問題を選び、問題番号を記入及びマークすること。

【選択問題1】

問題番号	
1	○
2	○

【選択問題2】

問題番号	
3	○
4	○

【選択問題3】

問題番号	
5	○
6	○

【選択問題4】

問題番号	
7	○
8	○

受験番号 →

生年月日 →

年号			
明治（M）	大正（T）	昭和（S）	平成（H）

解答番号	解答欄
1	① ② ③ ④ ⑤ ⑥ ⑦ ⑧ ⑨ ⑩
2	① ② ③ ④ ⑤ ⑥ ⑦ ⑧ ⑨ ⑩
3	① ② ③ ④ ⑤ ⑥ ⑦ ⑧ ⑨ ⑩
4	① ② ③ ④ ⑤ ⑥ ⑦ ⑧ ⑨ ⑩
5	① ② ③ ④ ⑤ ⑥ ⑦ ⑧ ⑨ ⑩
6	① ② ③ ④ ⑤ ⑥ ⑦ ⑧ ⑨ ⑩
7	① ② ③ ④ ⑤ ⑥ ⑦ ⑧ ⑨ ⑩
8	① ② ③ ④ ⑤ ⑥ ⑦ ⑧ ⑨ ⑩
9	① ② ③ ④ ⑤ ⑥ ⑦ ⑧ ⑨ ⑩
10	① ② ③ ④ ⑤ ⑥ ⑦ ⑧ ⑨ ⑩
11	① ② ③ ④ ⑤ ⑥ ⑦ ⑧ ⑨ ⑩
12	① ② ③ ④ ⑤ ⑥ ⑦ ⑧ ⑨ ⑩
13	① ② ③ ④ ⑤ ⑥ ⑦ ⑧ ⑨ ⑩
14	① ② ③ ④ ⑤ ⑥ ⑦ ⑧ ⑨ ⑩
15	① ② ③ ④ ⑤ ⑥ ⑦ ⑧ ⑨ ⑩

解答番号	解答欄
16	① ② ③ ④ ⑤ ⑥ ⑦ ⑧ ⑨ ⑩
17	① ② ③ ④ ⑤ ⑥ ⑦ ⑧ ⑨ ⑩
18	① ② ③ ④ ⑤ ⑥ ⑦ ⑧ ⑨ ⑩
19	① ② ③ ④ ⑤ ⑥ ⑦ ⑧ ⑨ ⑩
20	① ② ③ ④ ⑤ ⑥ ⑦ ⑧ ⑨ ⑩
21	① ② ③ ④ ⑤ ⑥ ⑦ ⑧ ⑨ ⑩
22	① ② ③ ④ ⑤ ⑥ ⑦ ⑧ ⑨ ⑩
23	① ② ③ ④ ⑤ ⑥ ⑦ ⑧ ⑨ ⑩
24	① ② ③ ④ ⑤ ⑥ ⑦ ⑧ ⑨ ⑩
25	① ② ③ ④ ⑤ ⑥ ⑦ ⑧ ⑨ ⑩
26	① ② ③ ④ ⑤ ⑥ ⑦ ⑧ ⑨ ⑩
27	① ② ③ ④ ⑤ ⑥ ⑦ ⑧ ⑨ ⑩
28	① ② ③ ④ ⑤ ⑥ ⑦ ⑧ ⑨ ⑩
29	① ② ③ ④ ⑤ ⑥ ⑦ ⑧ ⑨ ⑩
30	① ② ③ ④ ⑤ ⑥ ⑦ ⑧ ⑨ ⑩

第　回　高等学校卒業程度認定試験

科学と人間生活　解答用紙

氏名 □

(注意事項)

1. 記入はすべてHBまたはHBの黒色鉛筆を使用してください。
2. 訂正するときは、プラスチックの消しゴムで丁寧に消し、消しくずを残さないでください。
3. 所定の記入欄以外には何も記入しないでください。
4. 解答用紙を汚したり、折り曲げたりしないでください。
5. マーク例　良い例　●　　悪い例　⊙ ◐ ◑ ● ◍ ○ ⊘

※選択問題を選び、問題番号を記入及びマークすること。

【選択問題1】

問題番号
1 ○
2 ○

【選択問題2】

問題番号
3 ○
4 ○

【選択問題3】

問題番号
5 ○
6 ○

【選択問題4】

問題番号
7 ○
8 ○

生年月日 ⇒

年号					
明治 Ⓜ	⓪ ① ② ③ ④ ⑤ ⑥ ⑦ ⑧ ⑨	⓪ ① ② ③	⓪ ① ② ③ ④ ⑤ ⑥ ⑦ ⑧ ⑨	⓪ ①	⓪ ① ② ③ ④ ⑤ ⑥ ⑦ ⑧ ⑨
大正 Ⓣ					
昭和 Ⓢ					
平成 Ⓗ					

受験番号 ⇒

⓪ ① ② ③ ④ ⑤ ⑥ ⑦ ⑧ ⑨	⓪ ① ② ③ ④ ⑤ ⑥ ⑦ ⑧ ⑨	⓪ ① ② ③ ④ ⑤ ⑥ ⑦ ⑧ ⑨	⓪ ① ② ③ ④ ⑤ ⑥ ⑦ ⑧ ⑨	① ②

解答番号	解答欄 1 2 3 4 5 6 7 8 9 0
1	① ② ③ ④ ⑤ ⑥ ⑦ ⑧ ⑨ ⓪
2	① ② ③ ④ ⑤ ⑥ ⑦ ⑧ ⑨ ⓪
3	① ② ③ ④ ⑤ ⑥ ⑦ ⑧ ⑨ ⓪
4	① ② ③ ④ ⑤ ⑥ ⑦ ⑧ ⑨ ⓪
5	① ② ③ ④ ⑤ ⑥ ⑦ ⑧ ⑨ ⓪
6	① ② ③ ④ ⑤ ⑥ ⑦ ⑧ ⑨ ⓪
7	① ② ③ ④ ⑤ ⑥ ⑦ ⑧ ⑨ ⓪
8	① ② ③ ④ ⑤ ⑥ ⑦ ⑧ ⑨ ⓪
9	① ② ③ ④ ⑤ ⑥ ⑦ ⑧ ⑨ ⓪
10	① ② ③ ④ ⑤ ⑥ ⑦ ⑧ ⑨ ⓪
11	① ② ③ ④ ⑤ ⑥ ⑦ ⑧ ⑨ ⓪
12	① ② ③ ④ ⑤ ⑥ ⑦ ⑧ ⑨ ⓪
13	① ② ③ ④ ⑤ ⑥ ⑦ ⑧ ⑨ ⓪
14	① ② ③ ④ ⑤ ⑥ ⑦ ⑧ ⑨ ⓪
15	① ② ③ ④ ⑤ ⑥ ⑦ ⑧ ⑨ ⓪

解答番号	解答欄 1 2 3 4 5 6 7 8 9 0
16	① ② ③ ④ ⑤ ⑥ ⑦ ⑧ ⑨ ⓪
17	① ② ③ ④ ⑤ ⑥ ⑦ ⑧ ⑨ ⓪
18	① ② ③ ④ ⑤ ⑥ ⑦ ⑧ ⑨ ⓪
19	① ② ③ ④ ⑤ ⑥ ⑦ ⑧ ⑨ ⓪
20	① ② ③ ④ ⑤ ⑥ ⑦ ⑧ ⑨ ⓪
21	① ② ③ ④ ⑤ ⑥ ⑦ ⑧ ⑨ ⓪
22	① ② ③ ④ ⑤ ⑥ ⑦ ⑧ ⑨ ⓪
23	① ② ③ ④ ⑤ ⑥ ⑦ ⑧ ⑨ ⓪
24	① ② ③ ④ ⑤ ⑥ ⑦ ⑧ ⑨ ⓪
25	① ② ③ ④ ⑤ ⑥ ⑦ ⑧ ⑨ ⓪
26	① ② ③ ④ ⑤ ⑥ ⑦ ⑧ ⑨ ⓪
27	① ② ③ ④ ⑤ ⑥ ⑦ ⑧ ⑨ ⓪
28	① ② ③ ④ ⑤ ⑥ ⑦ ⑧ ⑨ ⓪
29	① ② ③ ④ ⑤ ⑥ ⑦ ⑧ ⑨ ⓪
30	① ② ③ ④ ⑤ ⑥ ⑦ ⑧ ⑨ ⓪

受験地

北海道 ○	滋賀 ○
青森 ○	京都 ○
岩手 ○	大阪 ○
宮城 ○	兵庫 ○
秋田 ○	奈良 ○
山形 ○	和歌山 ○
福島 ○	鳥取 ○
茨城 ○	島根 ○
栃木 ○	岡山 ○
群馬 ○	広島 ○
埼玉 ○	山口 ○
千葉 ○	徳島 ○
東京 ○	香川 ○
神奈川 ○	愛媛 ○
新潟 ○	高知 ○
富山 ○	福岡 ○
石川 ○	佐賀 ○
福井 ○	長崎 ○
山梨 ○	熊本 ○
長野 ○	大分 ○
岐阜 ○	宮崎 ○
静岡 ○	鹿児島 ○
愛知 ○	沖縄 ○
三重 ○	

第　回　高等学校卒業程度認定試験

科学と人間生活　解答用紙

氏名

（注意事項）

1. 記入はすべてHBまたはHBの黒色鉛筆を使用してください。
2. 訂正するときは、プラスチックの消しゴムで丁寧に消し、消しくずを残さないでください。
3. 所定の記入欄以外には何も記入しないでください。
4. 解答用紙を汚したり、折り曲げたりしないでください。
5. マーク例

良い例	悪い例
●	（複数のマーク例）

受験地

北海道 ○	滋賀 ○	山口 ○	
青森 ○	京都 ○	徳島 ○	
岩手 ○	大阪 ○	香川 ○	
宮城 ○	兵庫 ○	愛媛 ○	
秋田 ○	奈良 ○	高知 ○	
山形 ○	和歌山 ○	福岡 ○	
福島 ○	鳥取 ○	佐賀 ○	
茨城 ○	島根 ○	長崎 ○	
栃木 ○	岡山 ○	熊本 ○	
群馬 ○	広島 ○	大分 ○	
埼玉 ○	山口 ○	宮崎 ○	
千葉 ○	徳島 ○	鹿児島 ○	
東京 ○	香川 ○	沖縄 ○	
神奈川 ○	愛媛 ○		
新潟 ○	高知 ○		
富山 ○	福岡 ○		
石川 ○	佐賀 ○		
福井 ○	長崎 ○		
山梨 ○	熊本 ○		
長野 ○	大分 ○		
岐阜 ○	宮崎 ○		
静岡 ○	鹿児島 ○		
愛知 ○	沖縄 ○		
三重 ○			

※選択問題を選び、問題番号を記入及びマークすること。

【選択問題1】

問題番号	
1	○
2	○

【選択問題2】

問題番号	
3	○
4	○

【選択問題3】

問題番号	
5	○
6	○

【選択問題4】

問題番号	
7	○
8	○

受験番号 ⇒

解答番号	解答欄　1 2 3 4 5 6 7 8 9 0
1	①②③④⑤⑥⑦⑧⑨⑩
2	①②③④⑤⑥⑦⑧⑨⑩
3	①②③④⑤⑥⑦⑧⑨⑩
4	①②③④⑤⑥⑦⑧⑨⑩
5	①②③④⑤⑥⑦⑧⑨⑩
6	①②③④⑤⑥⑦⑧⑨⑩
7	①②③④⑤⑥⑦⑧⑨⑩
8	①②③④⑤⑥⑦⑧⑨⑩
9	①②③④⑤⑥⑦⑧⑨⑩
10	①②③④⑤⑥⑦⑧⑨⑩
11	①②③④⑤⑥⑦⑧⑨⑩
12	①②③④⑤⑥⑦⑧⑨⑩
13	①②③④⑤⑥⑦⑧⑨⑩
14	①②③④⑤⑥⑦⑧⑨⑩
15	①②③④⑤⑥⑦⑧⑨⑩

生年月日 ⇒

年号
明治（M） 大正（T） 昭和（S） 平成（H）

解答番号	解答欄　1 2 3 4 5 6 7 8 9 0
16	①②③④⑤⑥⑦⑧⑨⑩
17	①②③④⑤⑥⑦⑧⑨⑩
18	①②③④⑤⑥⑦⑧⑨⑩
19	①②③④⑤⑥⑦⑧⑨⑩
20	①②③④⑤⑥⑦⑧⑨⑩
21	①②③④⑤⑥⑦⑧⑨⑩
22	①②③④⑤⑥⑦⑧⑨⑩
23	①②③④⑤⑥⑦⑧⑨⑩
24	①②③④⑤⑥⑦⑧⑨⑩
25	①②③④⑤⑥⑦⑧⑨⑩
26	①②③④⑤⑥⑦⑧⑨⑩
27	①②③④⑤⑥⑦⑧⑨⑩
28	①②③④⑤⑥⑦⑧⑨⑩
29	①②③④⑤⑥⑦⑧⑨⑩
30	①②③④⑤⑥⑦⑧⑨⑩

第　　回　高等学校卒業程度認定試験

科学と人間生活　解答用紙

氏　名

(注意事項)

1. 記入はすべてHBまたはHBの黒色鉛筆を使用してください。
2. 訂正するときは、プラスチックの消しゴムで丁寧に消し、消しくずを残さないでください。
3. 所定の記入欄以外には何も記入しないでください。
4. 解答用紙を汚したり、折り曲げたりしないでください。
5. マーク例

良い例	悪い例
●	⊙ ⊖ ◐ ◑ ● ∅

※選択問題を選び、問題番号を記入及びマークすること。

【選択問題1】

問題番号	
1	○
2	○

【選択問題2】

問題番号	
3	○
4	○

【選択問題3】

問題番号	
5	○
6	○

【選択問題4】

問題番号	
7	○
8	○

受験地

北海道 ○　青森 ○　岩手 ○　宮城 ○　秋田 ○　山形 ○　福島 ○　茨城 ○　栃木 ○　群馬 ○　埼玉 ○　千葉 ○　東京 ○　神奈川 ○　新潟 ○　富山 ○　石川 ○　福井 ○　山梨 ○　長野 ○　岐阜 ○　静岡 ○　愛知 ○　三重 ○

滋賀 ○　京都 ○　大阪 ○　兵庫 ○　奈良 ○　和歌山 ○　鳥取 ○　島根 ○　岡山 ○　広島 ○　山口 ○　徳島 ○　香川 ○　愛媛 ○　高知 ○　福岡 ○　佐賀 ○　長崎 ○　熊本 ○　大分 ○　宮崎 ○　鹿児島 ○　沖縄 ○

生年月日 ⇒

年号					
明治 (M)	⓪①②③④⑤⑥⑦⑧⑨				
大正 (T)	⓪①②③				
昭和 (S)	⓪①②③④⑤⑥⑦⑧⑨				
平成 (H)	⓪①				
	⓪①②③④⑤⑥				

受験番号 ⇒

⓪①②③④⑤⑥⑦⑧⑨
⓪①②③④⑤⑥⑦⑧⑨
⓪①②③④⑤⑥⑦⑧⑨
①②③④⑤⑥⑦⑧⑨
①②

解答欄

解答番号	解答欄 1 2 3 4 5 6 7 8 9 0
1	①②③④⑤⑥⑦⑧⑨⓪
2	①②③④⑤⑥⑦⑧⑨⓪
3	①②③④⑤⑥⑦⑧⑨⓪
4	①②③④⑤⑥⑦⑧⑨⓪
5	①②③④⑤⑥⑦⑧⑨⓪
6	①②③④⑤⑥⑦⑧⑨⓪
7	①②③④⑤⑥⑦⑧⑨⓪
8	①②③④⑤⑥⑦⑧⑨⓪
9	①②③④⑤⑥⑦⑧⑨⓪
10	①②③④⑤⑥⑦⑧⑨⓪
11	①②③④⑤⑥⑦⑧⑨⓪
12	①②③④⑤⑥⑦⑧⑨⓪
13	①②③④⑤⑥⑦⑧⑨⓪
14	①②③④⑤⑥⑦⑧⑨⓪
15	①②③④⑤⑥⑦⑧⑨⓪

解答番号	解答欄 1 2 3 4 5 6 7 8 9 0
16	①②③④⑤⑥⑦⑧⑨⓪
17	①②③④⑤⑥⑦⑧⑨⓪
18	①②③④⑤⑥⑦⑧⑨⓪
19	①②③④⑤⑥⑦⑧⑨⓪
20	①②③④⑤⑥⑦⑧⑨⓪
21	①②③④⑤⑥⑦⑧⑨⓪
22	①②③④⑤⑥⑦⑧⑨⓪
23	①②③④⑤⑥⑦⑧⑨⓪
24	①②③④⑤⑥⑦⑧⑨⓪
25	①②③④⑤⑥⑦⑧⑨⓪
26	①②③④⑤⑥⑦⑧⑨⓪
27	①②③④⑤⑥⑦⑧⑨⓪
28	①②③④⑤⑥⑦⑧⑨⓪
29	①②③④⑤⑥⑦⑧⑨⓪
30	①②③④⑤⑥⑦⑧⑨⓪

第　　回　高等学校卒業程度認定試験

科学と人間生活　解答用紙

氏名

受験地			
北海道 ○	滋賀 ○		
青森 ○	京都 ○		
岩手 ○	大阪 ○		
宮城 ○	兵庫 ○		
秋田 ○	奈良 ○		
山形 ○	和歌山 ○		
福島 ○	鳥取 ○		
茨城 ○	島根 ○		
栃木 ○	岡山 ○		
群馬 ○	広島 ○		
埼玉 ○	山口 ○		
千葉 ○	徳島 ○		
東京 ○	香川 ○		
神奈川 ○	愛媛 ○		
新潟 ○	高知 ○		
富山 ○	福岡 ○		
石川 ○	佐賀 ○		
福井 ○	長崎 ○		
山梨 ○	熊本 ○		
長野 ○	大分 ○		
岐阜 ○	宮崎 ○		
静岡 ○	鹿児島 ○		
愛知 ○	沖縄 ○		
三重 ○			

（注意事項）
1. 記入はすべてHまたはHBの黒色鉛筆を使用してください。
2. 訂正するときは、プラスチックの消しゴムで丁寧に消し、消しくずを残さないでください。
3. 所定の記入欄以外には何も記入しないでください。
4. 解答用紙を汚したり、折り曲げたりしないでください。
5. マーク例　　良い例　●　　悪い例　◒ ◓ ◑ ◐ ◍ ⊘

受験番号 ⇒

	0	0	0	0
	①	①	①	①
	②	②	②	②
		③	③	③
		④	④	④
		⑤	⑤	⑤
		⑥	⑥	⑥
		⑦	⑦	⑦
		⑧	⑧	⑧
		⑨	⑨	⑨

生年月日 ⇒

年号				
明治 M	0	0	0	0
大正 T	①	①	①	①
昭和 S	②	②	②	②
平成 H	③		③	③
	④		④	④
	⑤		⑤	⑤
	⑥		⑥	⑥
	⑦		⑦	⑦
	⑧		⑧	⑧
	⑨		⑨	⑨

※選択問題を選び、問題番号を記入及びマークすること。

【選択問題1】

問題番号	
1	○○
2	○○

【選択問題2】

問題番号	
3	○○
4	○○

【選択問題3】

問題番号	
5	○○
6	○○

【選択問題4】

問題番号	
7	○○
8	○○

解答番号	解答欄 1 2 3 4 5 6 7 8 9 0
1	①②③④⑤⑥⑦⑧⑨⓪
2	①②③④⑤⑥⑦⑧⑨⓪
3	①②③④⑤⑥⑦⑧⑨⓪
4	①②③④⑤⑥⑦⑧⑨⓪
5	①②③④⑤⑥⑦⑧⑨⓪
6	①②③④⑤⑥⑦⑧⑨⓪
7	①②③④⑤⑥⑦⑧⑨⓪
8	①②③④⑤⑥⑦⑧⑨⓪
9	①②③④⑤⑥⑦⑧⑨⓪
10	①②③④⑤⑥⑦⑧⑨⓪
11	①②③④⑤⑥⑦⑧⑨⓪
12	①②③④⑤⑥⑦⑧⑨⓪
13	①②③④⑤⑥⑦⑧⑨⓪
14	①②③④⑤⑥⑦⑧⑨⓪
15	①②③④⑤⑥⑦⑧⑨⓪

解答番号	解答欄 1 2 3 4 5 6 7 8 9 0
16	①②③④⑤⑥⑦⑧⑨⓪
17	①②③④⑤⑥⑦⑧⑨⓪
18	①②③④⑤⑥⑦⑧⑨⓪
19	①②③④⑤⑥⑦⑧⑨⓪
20	①②③④⑤⑥⑦⑧⑨⓪
21	①②③④⑤⑥⑦⑧⑨⓪
22	①②③④⑤⑥⑦⑧⑨⓪
23	①②③④⑤⑥⑦⑧⑨⓪
24	①②③④⑤⑥⑦⑧⑨⓪
25	①②③④⑤⑥⑦⑧⑨⓪
26	①②③④⑤⑥⑦⑧⑨⓪
27	①②③④⑤⑥⑦⑧⑨⓪
28	①②③④⑤⑥⑦⑧⑨⓪
29	①②③④⑤⑥⑦⑧⑨⓪
30	①②③④⑤⑥⑦⑧⑨⓪

2023　高卒認定スーパー実戦過去問題集
科学と人間生活

2023 年 2 月 7 日　初版　第 1 刷発行

編集：J-出版編集部
制作：J-Web School
発行：J-出版

〒112-0002 東京都文京区小石川2-3-4 第一川田ビル TEL 03-5800-0552
J-出版.Net　http://www.j-publish.net/

ISBN978-4-909326-79-9 C7300 Printed in Japan